迷いを捨てて 願いをかなえる

心の浄化法

How to be happy with purifying your mind

矢尾こと葉

日本実業出版社

Contents

迷いを捨てて
願いをかなえる
心の浄化法

Prologue

あなたの「思い」がすべての未来をつくります 11

Chapter 1

エネルギーをダウンさせる〝ぐるぐる思考〟をストップ！ 19

Chapter 2

「やりたいことがわからない」…こんな悩みにさよなら！

Chapter 3

芽吹いた夢は大きな愛で育てましょう♪

Chapter 4

あなたの行動を妨げる重いブレーキを外しましょう！

Chapter 5

たくさんの人があなたの夢を応援してくれます 137

Chapter 6

自分のパワーを信じて未来へ歩いて行きましょう！ 157

Present for you

デザイン●関根康弘(T-Borne)
イラスト●植木美江

Prologue

あなたの「思い」が すべての未来をつくります

「想像」とは「創造」すること。
この法則と出会い、
受け入れたときから、
私を取り巻く世界が
ハイスピードで
変わり始めたのです！

無理や我慢をやめるほど〝なりたい自分〟へと導かれます

「世の中は、すべて〝人の思う通り〟になっています。
あなたの現実は、あなたの思う通りになっているのです。
つまり、思いを変えることで、どんな現実をつくり出すことも可能なのです」

私がこの「エネルギーの世界の原則」について初めて聞いたのは、２００３年に夫と一緒に出かけたレイキというヒーリングのセミナーでのことでした。

レイキとは気功の一種で、手から出てくる自然のエネルギー（気）で心身を癒すハンド・ヒーリングの手法です。使ううちに精神性が高まり、潜在能力が花開くともいわれています。

「ヒーリングのセミナーなのに、思いが現実をつくる話って、どういうこと？」と、あなたは不思議に思われるかもしれませんね。

私自身も、レイキを使っていると直感力が冴えて、夢の実現力が高まるらしいとは聞いていましたが、正直、最初は話の意味がわからず、頭はハテナマークでいっぱいでした（笑）。でも、同時に、「何か私の人生において、とてつもなく重要なことを教わっている」という予感がして、精一杯、レイキの師匠の言葉に耳を傾けたのを覚えています。

とはいえ、当時、人生のさまざまな面で行き詰まりを感じていた私にとって、生まれて初めて触れるこの考え方は、かなりショッキングだったのも事実です。「確かに思い通りなのかもしれないけど、でも、あんなことも、こんなことも、望んでなんかいなかったのに……」と、誰かに訴えたいような気持ちにもなりました。

けれど、「今までは、〝思いが現実をつくる〟なんて知らなかったから人生が混乱していただけで、私には、思い通りの未来をつくる力があるんだ。だったら、今から変えていけばいいんだよね…！」と静かに納得し、未来に希望を感じる自分もいました。

振り返ってみると、「『想像』とは『創造』。人生とは自己責任で、起こることすべてが自分の思い次第なのだ」という、この新しい考え方を受け入れ始めたときから、自分を取り巻くすべてがハイスピードで変わっていったのです。

まず体調がよくなり、仕事で認められ、人間関係も喜ばしいものへと変化し、夢がスイスイと実現するようになりました。

他の誰でもない、自分の「思い」が、自分の「現実」をつくります。

ちょっぴり切ないことですが、現実の受け入れがたい部分すら、実は自分が招き入れたことかもしれないと考えてみること。

——そこから、現実を変える魔法のプロセスが始まります。

思いを意識することから始めましょう!

「でも、人生が私の思い通りなら、どうしてイヤなことが起こるのかしら?」

「あの願いがかなわなかったのは、なぜ?」

きっとこんな気持ちも湧いてくると思います。

私たちの頭の中は、希望と不安がいつも隣り合わせですよね。

ですから、望ましい「思い」もたくさん現実になっているわけですが、残念ながら「こうなったらイヤだなあ」というネガティブな想像も、現実としてつくり出してしまっているのです。つまり、湧き起こる「思い」をポジティブなものに変え、心配や不安といったネガティブな「思い」とはサヨナラしていくのが、願いをストレートにかなえる最短ルートというわけなのです。

とはいえ、毎秒湧き起こる「思い」なんて、一つひとつ意識できないわ、というあなた。ご安心ください。ちゃんといい方法があります♪

「思い」をつくっているのは、「言葉」ですよね。ですから、まずは使う言葉に気をつけることで、だんだんと「思い」を上手に取り扱えるようになります。

たとえば「できない」「めんどうくさい」「もうイヤ」といった、投げやりな言葉を使ったときや思ったりしたときは、「できる、できる！」「うまくいく」「簡単、簡単！」「ま、いっか」というように、逐一言い換えてみましょう。

すると…！　自分が普段どんな「思い」を抱いているかがわかるようになります。

現実は、驚くほど素直に、あなた自身の「思い」が投影されているのです。

なりたい自分はそこにいます

そして私たちは、現実をつくり出す思いの力（想像力＝創造力）の他に、自分らしく生きるために必要な愛や才能を、生まれながらにすべて備えています。

一人ひとりが、オンリーワンの、すばらしい存在です。

好きなことや得意なことをひたすらやっている人たちは、その人らしく幸せに生きているように見えますね。彼らが示してくれているように、人はあらかじめ持っている愛や才能を全開にして発揮すれば、誰もが自分らしく幸せに生きられるように、初めからプログラムされているようなものなのです。

ですが、大人になるとまわりの声や情報に耳を傾けすぎて、本来の愛や才能＝「自分らしさ」を忘れてしまいがち。こうなると、まるで人生の地図をなくしたようになり、何がしたいのか、どこへ向かっていったらいいのか、わからなくて不安になってしまうのも無理のないことです。

でも、大丈夫！　同じような不安と迷いの時期を越えて、今では毎日、充実感いっぱいに生きている人や、やりたいことに邁進《まいしん》している人、理想通りの人と出

道に迷って
ヘトヘト…
自分を縛る感情や
思い込みを
捨てると
毎日がハッピー!!

会って幸せな日々を過ごしている人たちがたくさんいます。

そんな人たちに共通しているのは、**「自分の本当の思いを大切にし始めたら、いつのまにか、なりたい自分になれていた！」**ということです。

これが、実はとても大切なこと。

理想の自分への道は、今カラダを壊すほど無理していることや、望まないのに我慢していることを、一つひとつ手放していった先にあります。

といっても、困難から逃げるのではありませんよ！　不要な「思い」を片付け、自分の心やカラダを優先し始めると、迷いがなくなり、胸の奥にある「ピュアな思い」が、強くはっきりとしてくるのです。

不思議に思われるかもしれませんが、今よりも楽になればなるほど、自分らしくいればいるほど、自然のサポートを受けて、「こっちだよ！」となりたい自分への道が示されるようになります。

その方法を、この本の中で具体的にご紹介していきます。

私と一緒に、幸せな自分になるのに不要な「思い」の数々と、楽しくサヨナラしていきましょう！

Chapter 1

エネルギーをダウンさせる“ぐるぐる思考”をストップ！

答えの出ないことを
いつまでも考えるのも、
余計なことに気を取られるのも、
もううんざり！
宇宙の恵みをたっぷり
受け取るコツを紹介します。

無限のエネルギーとつながるパイプをお掃除しましょう

少し壮大な話になりますが、私たちはみんな、見えない領域で宇宙のエネルギーとつながっています。科学者が世紀の大発見をするのも、アーティストが名曲を生み出すのも、宇宙の叡智《えいち》とつながり、インスピレーションを得ているからです。

あなたにも、突然「あ、こうしたらいいんだ！」と抜群の企画やアイデアが浮かんだり、トイレのあと、迷っていることへの答えがピーンときたりしたことがあるでしょう。

私たちは、いわば宇宙とつながっている一本のパイプのようなものなのです。

あなたというパイプがお掃除されたクリアーなパイプなら、どんどん宇宙の叡智がインスピレーションとして降りてきます。

インスピレーションだけではありません。宇宙のエネルギーは、物事を自然によい方向へ導き、思いを現実に変えてくれる万能のエネルギー。

ですから、**次々に思いを実現して夢をかなえている人ほど、パイプのお掃除に熱心です。**

パイプが詰まるのは、頭の中が答えの出ない「ぐるぐる思考」で占領されているときや、不安や心配で胸がいっぱいのとき。

これらの「余計な思い」を掃除して、エネルギーの流れをよくすることで、物事がスムーズに運ぶようになります。

さらに、あなたの望みが自分本位の利己的なものではなく、宇宙全体の調和に合致するものなら、無限のエネルギーのサポートを得て、どんどん実現化していくことでしょう。

宇宙エネルギーのサポートを得やすい自分になるために、あなたというパイプをお掃除しましょう!

パイプを詰まらせる質問はやめましょう

思いを現実にし、物事が自然によくなるのを助けてくれる宇宙のエネルギーは、あなたの頭頂から入ってきます。

けれど、私たちの多くは頭や目を酷使していて、頭部が疲れすぎていますよね。

さらに、頭の中が答えの出ない「ぐるぐる思考」で占領されていると、途端にパイプが詰まり、宇宙のエネルギーが入りにくく、流れにくくなってしまうのです。

宇宙のエネルギーをたっぷり受け取るために、まずは「ぐるぐる思考」とサヨナラしましょう！

それには、あなたというパイプを詰まらせる質問をやめることです。

代表的な2大ぐるぐる質問は、こちら。

「あの人（私）は、どうしてああ（こう）なんだろう？」

「あのとき、どうしてああして（ああなって）しまったんだろう？」

「どうして、どうして」と他人や過去をいくら責めて考え続けても、その疑問には永久に答えが出ません。「他人と過去は変えられない（それよりも自分を変えるほうが簡単）」と心のどこかではわかっているのに、どうにかしようとこだわってしまうと、「ぐるぐる思考」のワナにはまります。

次ページのイラスト「ぐるぐるちゃん」のように、考えれば考えるほど、頭や顔のまわりのオーラが曇り、顔色がくすんで、瞳の輝きが損なわれ、心も苦しくなるいっぽう。本来備わっている力が発揮できないばかりか、エネルギーダウンしてしまうのです。

これからは、この「ナゼの輪廻《りんね》」＝「ぐるぐる思考」に気づいたら、そのつど抜け出してしまいましょう。

たとえば、眉間に余計な力が入り始めたら、声に出して、「ハイ、ストップ！」と言います。あるいは、「パン！」と大きく柏手を打つのも効果的です。これで脳が不愉快なことを考えるのを停止できます。

ぐるぐる思考の人は…

・カラダがこわばる
・眉間に力が入り、さらに縦横にシワが！
・瞳が剣呑な光を帯びる（こわい！）
・オーラと表情が曇る
・怒りや疲れを感じる
・何もしたくなくなる

↓

運に見放され、
人が離れていく（泣）

スッキリ思考の人は…

・カラダが軽くなる
・目がぱっちりと大きく開く
・瞳から優しさと喜びの光があふれる（魅力的！）
・オーラと表情が輝く（まぶしい！）
・愛や感謝を感じる
・元気とインスピレーションが湧いてくる

↓

豊かで、健康で、
幸せな人生になる！

特に「ぐるぐる思考」がクセになっている人は、80％自分で考え、できることをしたら、残りの20％は天に任せること。すべてを自分で何とかしようとせずに、「あとはお任せします！」と宇宙にゆだねる姿勢が大切です！

ピンチのときほど脳へ冷静に問いかけてみて

同じことをぐるぐる考えるのはやめようと思っても、何か結論が出てこないと、気になって仕方がないときはありますよね。そんなときは質問を変えましょう。あなたの脳に考えてもらうのにふさわしい質問はこちら。


「あの人の（私の）すばらしいところは、どんなところだろう？」

「私がこれからもっとよくなるには、どうしたらいいだろう？」

「あの人と理想的な関係になるために、何ができるだろう？」

「事態がよい方向へ向かうために、今から何ができるだろう？」


コツは「自分が主体」で、「望ましい方向にアンテナを立てる」質問をすること。

脳は、こんな気持ちのいい問いかけや考えが大好きです。

ついさっきまで「ぐるぐる思考」で疲れきっていた脳でも、これらのようなポジティブな質問を投げかけてみると、途端にフル回転。すばらしいインスピレーションをもたらしてくれたり、うれしいアイデアをはじき出してくれたりします。

特に、一見困難な場面に遭遇したときほど、このポジティブな問いかけが有効です。焦って「どうしよう、どうしよう」と自問しても、よい案は浮かんできませんが、ひと呼吸してから、「今できる最善のことは?」と自分に問いかけてみると、驚くほど冷静になり、客観的に状況を判断することができます。

思わぬことに気づくことができて、「ピンチはチャンス」と実感することもあるでしょう。

あなたの脳は、実は宇宙とつながっている天才スーパーコンピュータです。

その力を信じて、大いに活用しましょう!

「よい悪い」の判断をやめると悩みがグンと減ります

実は堂々めぐりの「ぐるぐる思考」は、頭の回転が速くて理想的なビジョンが見え、まわりの人の「思い」を悟る力がある人に、多い傾向でもあります。

「この仕事は、こうしたらみんなにとってうまくいく」

「この人は、本来このようになるのがすばらしい」

こんなふうに、物事や人の理想的なあり方が見えてしまうので、そうではない現実とのギャップを感じたときに、心の中に葛藤が起きやすいのです。

どうして、こうしないのかな？　イライライライラ……。

そうすると、物事の真実を見通せるせっかくの力が、逆にストレスになってしまいます。どんな美女も、眉間に縦ジワが寄り、険の深い表情になったら、周囲からこわがられてしまう可能性大！

そこでおすすめなのが、ズバリ、「人や自分を裁かないこと」。つまり、〝いいか悪いか〟という判断をやめてしまうのです。

どんな仕事やプロジェクトも人間が動かしていて、みんなその人なりに、そのときそのときで精一杯できることをしているもの。学びと成長のペースは人それぞれですから、自分のペースで学んでいる人を無理に焦らせたり、周囲と比べて非難したりしても、誰にとってもうれしいことは起こりません。

誰でも、本人が決めたことがその人にとっての「正解」ですから、もしかすると「回り道」すら、その人に必要なことかもしれないのです。

みんなに理想的な方向を指し示すことができる能力は、すばらしいものですが、人にはそれぞれのちょうどよいペースがあることを許し、少しおおらかに見守ってみましょう。よい悪いの判断をしなくなると、表情から険が取れて、悩みもグンと減りますよ!

勇気を出して〝比較〟のステージを降りて

もう一つ、魔の「ぐるぐる思考」が始まるきっかけになるのが「比較」です。他人と自分を比較さえしなければ、自分らしく平和に幸せに生きられるのに――。あなたもきっと、こんな気持ちになったことがあるのではないでしょうか？

私たちが生きている社会は、数字による評価が幅を利かせています。小さなころから点数で優劣を競うことに、慣らされていますよね。でも、その方法では、本当の「自分らしさ」に到達することはできません。

誰もが、自分らしく生きるために必要なものは、すべて持って生まれてきている――このことを実感し始めた人から、人との「比較」のステージを降りていきます。**比較され、競い合う舞台ではなく、オンリーワンの存在として輝ける場を探し、そこへ移っていくのです。**

比較のステージを
降りて
"オンリーワン"で
輝こう!

もちろん、比較のステージを降りることは勇気がいります。まるで勝負から降りるような気がして、「本当にいいのだろうか」と感じるかもしれません。なぜかというと、自分が成長するために、多くの人は他人を発奮材料としているから。

でも、**無理をして一番にならなくても、もともとの自分のよさを発揮すればそれでいいのだと、本当は知っていますよね。**

誰かが、あなたを〝比較〟というまな板の上に乗せようとするのを感じたら、「まな板の上の鯉」になってしまう前に、すみやかにそこから降りましょう。他人との比較に基づく評価を感じても、あなた自身が「まな板に乗らない」と決めていれば大丈夫。あなたの自尊心が傷つくことはありません。穏やかにやりすごせばいいのです。

比較をしなければ気がすまない事情が相手にはあるのだ、と理解してあげましょう。あなたの価値は、あなた自身が一番よく知っているはずです。

自分に貼ったレッテルははがしてしまいましょう

「私は（あの人は）こんな人間ですから」と、はなから決めつけてしまうことで、自分の才能に気づけなかったり、すてきなご縁を逃したりする場合があります。

たとえば、壮年になっても、やる気に満ちていつも新しいことへチャレンジしている人もいれば、「いまさらだよ」「もう歳だし」と言って、なかなかトライしない人もいますよね。「自分らしく自然体で元気そうなあの人」と「どこか消極的なあの人」とでは、何が違うのでしょう。

それは自分自身へ抱いている「思い」＝「レッテル」です。

前者は「まだ若い♪」「何でもできる」「私にはまだ未知の才能があるかもしれない」「一生勉強」と思っています。ですから、見た目も若々しくなります。

でも後者のほうはというと……？

あなたも、つい「私はこういう人間ですから」「そういうことには向いていませんので」なんて、決めつけてしまっていませんか？　あるいは、「私なんて」「取るに足らない」「本当にダメな人間なんです」、こんなふうに自分を卑下する言葉を、不用意に使っていませんか？　本気でそう思っていなくても、言葉の力で、人はエネルギーダウンしてしまいますから要注意です。


どんなことも、「できる！」と思っている人は、できます。

「できない！」と思っている人は、できません。


あなたの現実は、あなたの「思い」に忠実なのです。

あなたを不自由にしているのは、実は、自分が自分にかけている制限＝レッテル、であることが多いのです。

もし、あなたが自分に合わないレッテルを自分に貼り続けてきたのなら、もうはがしてしまいましょう！　物事が自然にうれしい方向へ進むようになります♪

自分自身で貼ってしまったレッテル
レッテルなんてただの思い込み！
できない
ダメ
ムリ

「ナイナイ言葉」にさよなら！

「ぐるぐる思考」にサヨナラするには、なるべく不平不満は口にしないほうがよさそう……。そう頭ではわかっていても、実際には「ああならいいのに」と思うことがいっぱいですよね。

あなたの心身が気持ちよい状態でないとき、それは時間や空間、お金、能力など、何かが「ない」と強く思っているときではないでしょうか？

足りない、できない、許せない、知らない、わからない、間に合わない。実は「ない」と口にするたびに、あなたの内面には不満や不平が生まれてしまいます。

ですから、これらのナイナイ言葉とは、今日がお別れの日！　なじみのある言葉たちですが、覚悟を決めて、さよならしましょう。

さよならの方法は、とても簡単。**ちょっと試すつもりで、「ない」という単語**

を口にするのをやめてみてください。「ない」と言いそうになったときや、うっかり言ってしまったときは、他の言葉に置き換えるようにします。

たとえば買い物のあとに友人と喫茶店に入って、財布の中身を確認したときに、ふと「手元のお金が少ない」と思ったとしますよね。そのときは、「お茶が一杯飲めるくらい、持ち合わせがあってよかった」と思い直します。

「待ち合わせに間に合わない!」と思ったときは、「必ず間に合う、大丈夫!」と何度もつぶやきながら準備して出かけましょう。

このような言い換えを繰り返すうちに、「ない」と口にするから、実際に「ない」現実が起こることがわかってきます。そうなると、もう頼まれても「ない」なんて言いたくない(笑)、滅相もない(笑)という状態になっていきます。**「ナイナイ言葉」とさよならすると、「思い」そのものが、前向きでポジティブなものへ変化していくのです。**

「今、こうしていられることが幸せ」「あれも、これもある」「とても満ち足りている」……そんな精神状態になってきますから、どうぞお楽しみに!

どんな自分もＯＫ あたたかく見守って！

毎日コロコロと気分が変わりやすくて、そんな自分に疲れてしまう……。

そんな声を耳にします。

責めているとつらくなるばかりですから、そうした自分もＯＫにして、それでもいいよ！　と愛してあげましょう。

本当はどんな人でも、自分自身との付き合いが一番大変なのです。

朝起きたら気分がよくて、物事もスイスイと展開しているときは、「そうだ、夢はかなう！」と信じられるものの、パワーダウンしたり、心とカラダのバランスが崩れたりすると、一転して落ち込みますから、「そうかもしれないけれど、そして、そう信じたいけれど、本当にそうなのかな？」と懐疑的な気分になることもあるでしょう。

もっと幸せになるために、なりたい自分に近づいていくプロセスを、誰もが歩んでいます。それは、湧き起こる不安や心配をそのつど手放し、勇気を奮って、自分らしく生きようとする道程です。

不安や心配を感じているのは、あなただけではありません。

ですから、自分を責めるのはやめて、自分らしく生きようと一生懸命な自分を応援してあげましょう。

少しずつでも、不安や心配を手放した分、愛と喜びが手に入ります。

不安や心配が減った分だけ、なりたい自分に近づいていきます。

あなたが自分にＯＫを出して受け入れるとき、世界があなたに微笑みかけるのを感じるでしょう。

Let's try

光の呼吸で頭スッキリ・ヒーリング！

ぐるぐる思考をストップするのに一番効くのが、
手を使って行う頭のヒーリング。簡単にできて、効果バツグン。
ぜひトライしてくださいね。

1 イスか、床にあぐらで座る（立ったままでもOK）。右手を頭のてっぺん（頭頂）に当て、左手で眉間と額をカバー。手の平の真ん中にチャクラ（エネルギーの通気孔）があるので、そこが眉間にぴったりと当たるように。

2 目を軽く閉じて深呼吸。まずは口から、息を細く長く吐き、吐ききったら鼻から吸う。7～8秒かけてゆっくりと。息を吐くときは、おへその下（丹田）あたりからも、汚れたエネルギーが出ていくようなイメージを。出したエネルギーは、地球がキラキラした光へと浄化してくれるとイメージ。

3 息を吸うときは、鼻からも、頭の上からも、美しい宇宙のエネルギーが体内に入ってくるとイメージ。手を当てたまま、この光の呼吸を３～４回繰り返す。

4 手の平を当てている箇所が温かくなり、頭の中がすっきりしてくる。頭に神聖なエネルギーが流れてお掃除された証拠。これでヒーリング終了！　目を開けるとビックリするくらい、視界が明るく感じられる。

Let's try

おすすめハンド・ヒーリング

もっとスッキリしたい場合は、頭＆眉間に加えて、
以下のポジションにも手を当てて深呼吸を。
5ポジションをセットで行うと、生まれ変わったように気分爽快!

目と額をカバー

眉間のすぐ上に第3の目（サードアイ）と呼ばれるエネルギーレベルの目がある。ここを肉眼と一緒にヒーリング。物事の真実が見え、まわりに翻弄されなくなる。

頭のてっぺんを広くカバー

頭に両手を当て、脳の疲労をヒーリング。考えすぎているときほど気持ちよく感じる。ときには、頭が重く感じられることもあるが、あとからスッキリする。

額と盆の窪をカバー

右手を眉間＆額、左手を盆の窪（ぼんのくぼ：後頭部の少しくぼんだところ）に当て、頭を前後からはさむ。コズミック・プラグといわれる神聖なポーズ。

首をカバー

両手で首を覆うポーズ。首の位置にあるコミュニケーション・チャクラに働きかけ、本音を上手に口にするのを助けてくれる。頭に気がのぼりがちなときにも◎。

Let's try

「あの人」のエネルギーの矢を抜く!

どうしても「あの人」のことを考えてしまうとき、もしかすると、
その人から不要なエネルギーを受け取っているのかもしれません。
抜いてみると、不思議なほどスッキリしますよ。

1 どうしても頭に浮かぶ「あの人」を思い起こし、頭の表面や首、肩のあたりにある「重苦しい何か」に手を伸ばす。

2 「エネルギーの矢」が自分に刺さっているシーンをイメージして、それをズボッと手で勢いよく抜く!

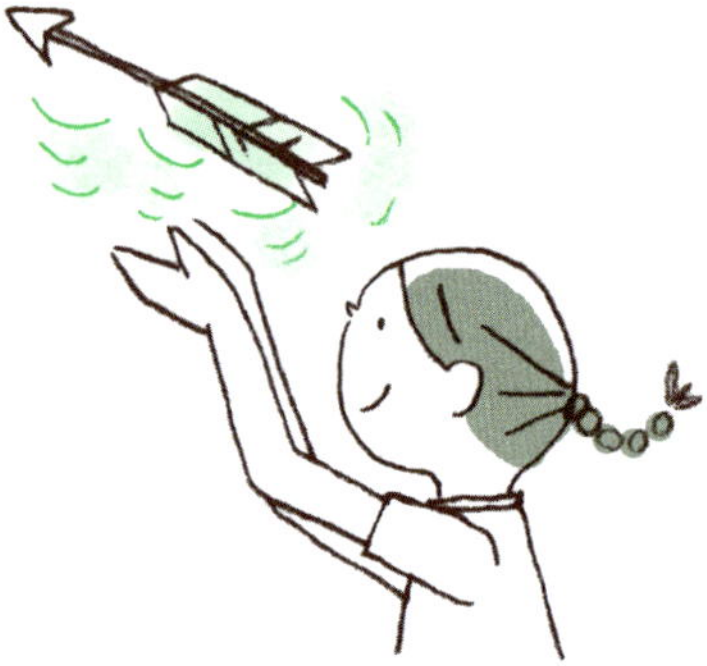

3 抜いた矢を天に放し、満面の笑みで「ありがとう、さようなら!」と手を振る。これで「エネルギーの矢」は本来あるべき場所へ帰っていき、気分も肩も軽くなる! ちなみに、親は愛が高じて子どもの頭頂へ太い矢を指している場合があるので、そんな感じがしたら慎重に丁寧に抜くこと。

Let's try 人に刺したエネルギーの矢を回収する

あなたが他人へ刺しているかもしれない矢を回収しましょう。
まわりに配っていた自分のエネルギーを回収すると、
あなた本来の力がみなぎってきます。

1 いつのまにか投げてしまったエネルギーがあるとイメージして、「私のエネルギー戻っておいでー」と言いながら、自分のほうへ手でかき集める。

2 エネルギーの矢を刺していると感じる相手がいれば、「○○さん、ごめんね」と言いながら、どんどん回収する。

3 たとえば家族や職場の上司に対して、あなたが抱いた「あれをしてほしい」「こうしてくれたらいいのに」という「思い」は、矢のように相手に刺さっているかも。この際、思いきって回収。気分がスッキリして、元気になるだけでなく、人間関係も改善される！

心をクリアーにしてくれる “お気に入りの場所”を探しておく!

“ぐるぐる思考”が始まると、私たちは動けなくなりがちです。じっと同じ場所に座ったまま、イライラを募らせたり、不安をふくらませたりします。そんな自分に気づいたら、すぐに場所を動くのが吉！　部屋からバルコニーへ出たりして異なる場所の空気を吸って、仕切り直しましょう。

それでもどうしようもなく“ぐるぐる”してしまうときは、大きなストレス解消が必要ということですから、旅やドライブに出かけましょう！

仕事や人間関係で行き詰まったとき、南の島や空気のよいところへバカンスに出かけたら、とてもよい気づきがあったという話もよく聞きます。私たちは、リラックスして平和な気持ちでいるとき、宇宙の叡智とつながりやすくなるのです。私自身も、本を書くときにはインスピレーションが降りてきやすいように、お気に入りのカフェや家で、リラックスできる状態をつくります。

近所の神社、大きな木のある公園、家のベランダ、ビルの屋上、図書館、雑貨店などなど……。あなたも、ぜひ心の緊急避難場所に、「心がクリアーになるお気に入りの場所」を見つけておくと便利ですよ！

Chapter 2

「やりたいことがわからない」…こんな悩みにさよなら！

やりたいことが
わからなくなるのはなぜ？
その原因になっている
思い込みを手放すと、
本当の願いがクリアーに
見えてきます！

気がかりなことがいっぱいなら紙を使って頭の中をお掃除！

やりたいことがわからない…！　この思いは、私たちをとても不安にさせます。やりたいことさえあれば前に向かって進んでいけるのに、それがわからないと、もう何をどうしていいのか、まったくわからない……。

実は、〝やりたいことがわからない〟という人の多くは、気がかりなことで頭がいっぱいです。「やるべきだ」と思っている日常の用事や、他人のことや、過去や未来のことにアレコレ気を取られているとき……。そんなときは、本当にやりたいことが頭に浮かんでくる余裕などありません。ワクワクすることを考えるスキがないのです。

そこで、**モヤモヤ・イライラし始めたら、すぐ紙に向かいましょう。**

まずは、頭の中に渦巻く単語や気になっていることを紙に箇条書きにします。

文字にして書き出すだけで頭の中がずいぶんスッキリと整理され、優先順位が明確になったり、本当の気持ちに気づいたりします。

そして、紙に書いた用事を一つこなしたら、

「えらいぞ、私！」「よっ、この天才！」「よくやったね〜。すばらしい！」

「さすが、○○ちゃんだね、よし、ごほうびのおやつタイムにしよう！」

などと、調子よく自分をほめてあげることが大切です。

どなたの中にも、小さな子どものような部分があります。やったことを認めてもらうとそれだけでうれしい、単純でかわいい自分。その子が機嫌よく、いいところを発揮できるように応援してあげるのがポイントです。

また、ネガティブな感情に翻弄《ほんろう》されているときも、同じように紙に向かいましょう。きちんとした文字でなく、ペンでぐちゃぐちゃと殴り書きしてもOKです。

気持ちのよどみを、色や形にして自由に描いてみましょう。気がすむまでやると、アートセラピー効果によって、不思議なほど落ち着いてきます。

「紙（カミ）は、神様（カミサマ）だなあ」と拝みたくなるのは、こんなとき。いつのまにか普段のあなたに戻って、驚くほど理性的で優しい判断ができます。

「やりたいこと」にまつわる7つの思い込み

さて、気がかりなことは書いてみました。それである程度はスッキリしたけれど、本当にやりたいことはまだ奥のほうにある気がする……。

そういう方もいらっしゃることでしょう。

実は、「やりたいことがわからない」「人生の目的がわからない」……そんな「ぐるぐる思考」に陥るときのパターンがいくつかあります。

次のうちのいずれかに心当たりがありませんか？

「やりたいことが、わからない」ときにありがちな思い込み

1. やりたいことは一つでないといけない
2. やりたいことは、具体的な「行動」でないといけない

3 やりたいことは立派なことでなくてはならない
4 やりたいことには名前があるはずだ
5 やりたいことで、お金を稼げなくてはいけない
6 やりたいことをやると、他人が迷惑する
7 自分には、やりたいことを、やる力がない

いかがでしょうか？　「やりたいことがわからない」とイライラしているとき、頭の中をこんな考えが渦巻いていませんか？

これらはすべて思い込みです。

次から、一つひとつのケースを見ていきましょう。心に積もっているジャマなホコリ＝思い込みが払われると、だんだんとやりたいことがクリアーに見えてきますよ！

思い込み
1

やりたいことは一つのはず

やりたいと思ったことはすべて「やること」になっています！

やりたいことはあるけれど、絞れない！

まるで「おやつは一つにしなさい！」と誰かに言われたかのように、「やりたいことは一つでないといけない」「でも、いっぱい、いろんなことがしたい」と悩んでいる場合があります。

これは余計な思い込み。エネルギッシュな人なら、なおさら、やりたいことが無限に浮かんでくるもの。それを一つになんて絞れませんよね。あなたにはあふれるような才能がありますから、人生を重ねるほど、あなたがやれること、やりたいこと、興味のあることは増えていくいっぽうです。

やりたいことは
全部やることに
なっている!

ですから、**あなたのやりたいことは、どの道、「すべてやることになっている」と思ってください。あなたにはそれだけのパワーがあるはずです。**

ただ、私たちの生きている世界は、時間と空間という制限がある3次元の世界なので、一つひとつの実現のためには、少々時間がかかることもあります。

でも、それもこの世界ならではの楽しみの一つ。いっぱい、やりたいことの種をまいておいて、どの芽が出てくるかな？　花はいつ咲くかな？　と楽しみにしていましょう。

最善のタイミング、最善のリズムで、すべての花が咲くことになっています。

それぞれの開花時期が違うので、上手にガーデニングをしていくと、ずっと種類の異なる花が咲き続ける……。そんな彩り豊かな楽しい人生も可能です。

夢の花を育てるガーデニングのコツは、愛情と根気。焦らないで、夢の種が育つのを見守っていきましょう。

思い込み 2

やりたいことは具体的な「行動」のはず

あなたが「伝えたいこと」を考えてみましょう

自分が何をやりたいのか、何が好きなのかと、ずいぶん長く「WHAT（何）」を探しているけれど、これだという納得できる答えが得られない……。

そんなあなたには「WHAT（何）」がそれほど重要でないのかもしれません。むしろ、「あり方」を重視する人なのかも。いっそ、「何がやりたいのか」という質問をやめて、**「何をまわりに伝えたいのか」という「メッセージ」にスポットを当ててみましょう。**

人は誰もが、他人に伝えたいと願っている「メッセージ」を持っています。

そのメッセージは、無意識のうちにあなたの仕事やサービス、普段の言葉など

やりたいことが
わからない
誰に
何を伝えたいか
考えてみて!

に乗せて表現されているのです。

たとえば、あなたがしたいことは「アロママッサージ」ではなく、「よい香りに包まれてリラックスすることの大切さ」を伝えることかもしれません。「ゴージャスな世界旅行」がしたいのではなく、「好きなことを遠慮せず、自由にする人生がすばらしい」ということを、自分が実践する姿から伝えたいのかもしれません。

私が人に伝えたいこと、心の底から「これは大切なことですよ」とシェアしたいことって、何だろう？　そんな視点で自分の内側と向き合ってみましょう。

思い込み
3

やりたいことは立派でないとダメ

「なぜか続けてきたこと」はあなたの使命かもしれません！

心のどこかで「やりたいことは、人に誇れるような、立派なことでなくてはいけない」と思い込んでいませんか？

あるいは、好きなことや続けていることはあるのに、それが人と比べて立派だと思えないから、これは「やりたいこと」じゃない……。そんなふうに、自分の気持ちにフタをしていませんか。

これらもすべて思い込みです。

「やりたいこと」は、あなたが幸せを感じられるなら、何でもよいのです。他人の夢と比べる必要もないし、立派である必要もありません。

たとえば、特に好きだったわけではないけれど、ずっと続けてきたことや、まるで天からやらされるように努力してきたことが、あなたにもきっとあると思います。「ほめられてうれしかったこと」が喜ばしくて輝かしい〝光の体験〟だとすると、地味に努力を続けてきた〝影の体験〟というようなものです。

けれど、そうした〝なぜか続けてきたこと〟には、実はあなたを「天職」へ導くためのエッセンスが凝縮されていることが多いのです。

小さいころカラダが弱かったので、いろいろな健康法を試して、やっと養生のコツをつかんだという方。

家族の介護を余儀なくされて、長年介護に携わる中で、明るさと思いやりを維持する秘訣を知った方。

あるいは、浮き沈みのある自分の心を安定させたくて、セラピーやカウンセリングの手法を学んできたという方……。

これらの、一見〝やらざるを得なくて続けてきたこと〟から身につけた知識や知恵があるなら、それを困っている人や必要としている人のために活かしていきましょう。

なぜか
やらざるを
得なかった
こと
それは
天命かも
天才シェフ

「苦労したけど、あのとき、身につけておいてよかった」

「自分の経験談が、他の人に喜んでもらえてよかった」

こんなふうに心から思えるとき、**自分にとっての〝影の体験〟が、世の中のために役立つ〝光の体験〟に変わります。**

人はみんなそれぞれの方法で、自分の心を平和にし、まわりの人を幸せにしたいと願っています。私たちが本能的に持っている、「人の役に立ちたい」という願いは強烈なもの。特に立派なことをしようとしなくても、あなたのやりたいことは、自然にまわりの幸せとつながっています。

ですから、安心して自分の学んだことを、他人のために活かしていきましょう。

思い込み
4

やりたいことには名前があるはず

目的や使命は自分でつくってOKです！

就職を考えたとき、私のやりたいことは、既存の会社や仕事では、探せないかもしれない……と感じたことはありませんか？

自分のやりたいことは、他の人とまったく一致していることはありません。ですから、すでに名前のついている職業や仕事の中から探そうとするのは、少し無理があるのです。

私は、20代のころに雑誌や広告に文章を書くライターとして仕事をしていたとき、企業の社長さんに取材して、事業のコンセプトを言葉にするお手伝いをしていました。

「わが社は○○事業を通して、お客様に○○の便利さを提供し、社会に貢献します。それが私たちの使命です」というたぐいの文章を、あなたもホームページやパンフレットなどで読んだことがあるでしょう。

いろいろな業界のいろいろな仕事を見てきましたが、どんな経営者もとても立派なことを話します。自分のしている仕事に社会的な意義を感じている人は、自信があり、輝いています。表情も魅力的ですし、言葉には強い説得力があります。

当時、まだ仕事に慣れていなかった私が感動して、インタビューで聞いた「社会貢献」という言葉を熱っぽく原稿に書いたところ、それを見てくれた先輩は笑って、「あのね、この会社だけじゃなくて、すべての企業は社会貢献のために存在しているのよ」と教えてくれました。

会社は、人の悩みや困っていることを解決するために存在しています。会社の経営を成り立たせるのは、顧客のニーズだからです。そして会社は、経営者(やオーナー)が、やりたいことを事業化した、一つの夢の形です。

私たちも、個人であっても、〝人生〟という会社の経営者なのです。そして個人である私たちがやりたいことも、元をたどると、やっぱり社会貢献なのです。

会社の設立目的や使命は、それをしたいと思った人がつくったもの。創作です。つまり、**私たちも、人生の目的や使命を、自分で決めて、それを堂々と言ったり書いたりしたらいいのです。**

ちなみに、私は自分のブログのトップページに「言葉による社会貢献が使命」と書いていますが、これは２００５年に最初の本を出版する幸運に恵まれた際、「こと葉」というペンネームを決めたとき、一緒に決めたことです。

天啓が降りてきたからとか、親がそう言って育てましたとか、もっともらしい理由はありません。まぎれもない創作です（笑）。

でも、ブログという人に見せる場所にそれを書いたことで、自分のやりたいことに軸が生まれ、ぶれなくなりました。

当面の間はこれをしようと思ったことが、あなたの使命。しかもいくつあってもいいし、変更してもいい。私はそれでいいと思います。やってみたいことがあるなら、自由に肩書や屋号をつくって、名刺もつくったらいいのです。

夢に向かって、なりたい自分になろうと情熱的に生きている人の誰もが、自分のしたいことをもっともらしく語ったり書いたりして、現実になるように努力しているにすぎないのですから。

思い込み5

お金を稼げそうにない…

与えた愛に比例して豊かさが返ってきます

やりたいことが必ずしも「お金」と結びついていない、あるいはやりたいことを通して「お金」を稼ぐことそのものに、あまり情熱や喜びを感じないという人もいらっしゃることでしょう。それなら、それでいいのです。ボランティアや奉仕活動として励みましょう！

でも、お金を受け取ることへの罪悪感や嫌悪感が、心のどこかにあるなら、ちょっと待って。お金についての不自由な思い込みがあるのかもしれません。

お金は、そのものに可も不可もない、純粋な愛のエネルギーです。

あなたが仕事や家事に愛を込めたり、愛を込めて人に接したり、ものに触れたり、**やりたいことに、ありったけの愛を込めていけば、必ず豊かさが返ってきます。その豊かさには、お金も含まれます。**

やりたいことをプロフェッショナルな意識で行うと、仕事になります。すべての仕事は愛の表現なのです。ですから、お金も堂々と受け取ったらいいのです。

そのために、**まずはお金を受け取ることを自分に許しましょう。**

あなたには、十分な豊かさを受け取る価値があるのですから、遠慮する必要はありません。お金を受け取ることに関してネガティブな感情や思い込みがあることに気づいたら、それを手放していきましょう。

お金のポジティブな面を見るようにし、「お金、大好き!」を口グセにするのもおすすめです。

そうすれば、自分が自分に許すだけのお金が、自然にやってきてくれます。

思い込み 6

他人の迷惑になる…

「エネルギー曼荼羅」を使って自分の〝人生の主役〟に！

何かやろうと思うたびに、「でも、お母さんはどう言うだろう？」「きっと反対される」「世間的にどうなんだろう？」。

そんな気持ちが湧き起こってシュンとしてしまうようなら、あなたは人生の主役を、いつのまにか自分でないものへゆずってしまっているのかもしれません。

やりたいことをすると、他の人の迷惑になるかもしれない……。

これは、心が優しくて周囲への配慮に長けている人、何よりも調和を重んじる人に多く見られる思い込みです。もしかすると、昔、親や誰かに甘えられなくて、さびしい思いをしたことがあるのかもしれません。

ほめられたい、認められたい、愛されたいという強い思いから、無意識に「いい子」になろうとして、やりたいことを我慢している場合もあります。

でも、あなたの人生は、あなたのもの。あなたが主役となって、あなたの思い通りに生きることが、もっとも気持ちがいい人生だとわかっていますよね。

そこで、まわりを優先して、自分を我慢するクセがついているあなたに、ぜひやってみていただきたいことがあります。「エネルギー曼荼羅」を描くことです。

エネルギー曼荼羅の描き方

1 A4サイズくらいの白い紙を用意します。そこに、今のあなたを取り巻く人間関係を、マルや線を使って、自由に描いていきましょう。

大きさや形は自由。色を使ってもOK! 自分やパートナーやお母さんやお父さん、子ども、兄弟、職場の同僚、上司、友達、大切な人たち。思いつくままに、自由に紙の上に描いていきましょう。

←

2 描きあがったら、紙を持って前方に手を伸ばし、少し離して客観的な目で眺

めてみてください。

一番目立つ人は、誰ですか？
紙の真ん中には、誰がいますか？
自分の大きさはどのくらいで、どのあたりにいますか？
自分と接近している人は誰で、遠い人は誰ですか？
そういえば、登場していない人はいますか？

紙の上にできあがったのは、あなたの心の中の人間関係を表わす曼荼羅であり、現実そのものでもあります。ここには、あなたと、周囲の人とのエネルギーバランスが表われています。

たとえば真ん中にどーんと存在しているのが、あなた自身でなく、別の人なら、あなたは人生の主役をその人に明け渡しているのかもしれません。

あるいは、自分とパートナーがくっついて一つになっているという場合もあるでしょう。人生の大切なことを決断するとき、一人で決めることができず、必ず相手の了承が必要となるパターンです。

「エネルギー曼荼羅」の使い方

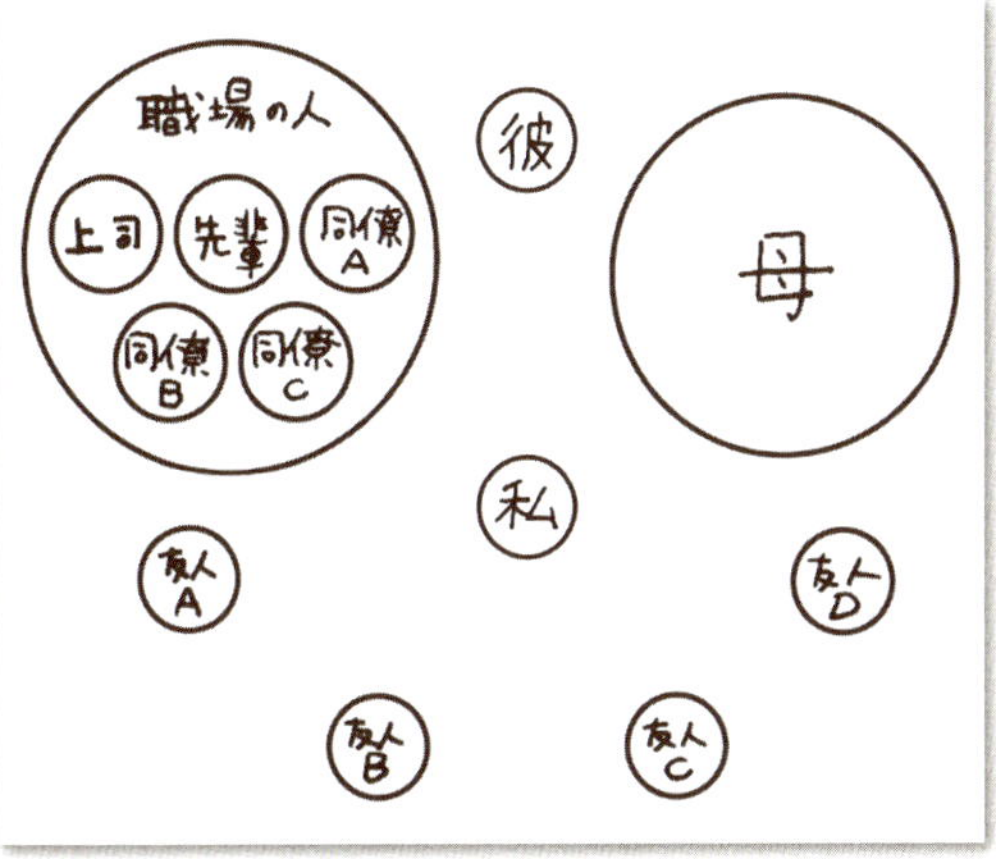

セミナー参加者Aさんの曼荼羅。お母さんが大きなスペースを占め、Aさんはいつも母親の考えを気にしていることがわかる。職場の人も大きいが、実際にAさんは仕事がとても忙しく、彼とデートする暇もないほど。このままでは彼との発展は難しそう。

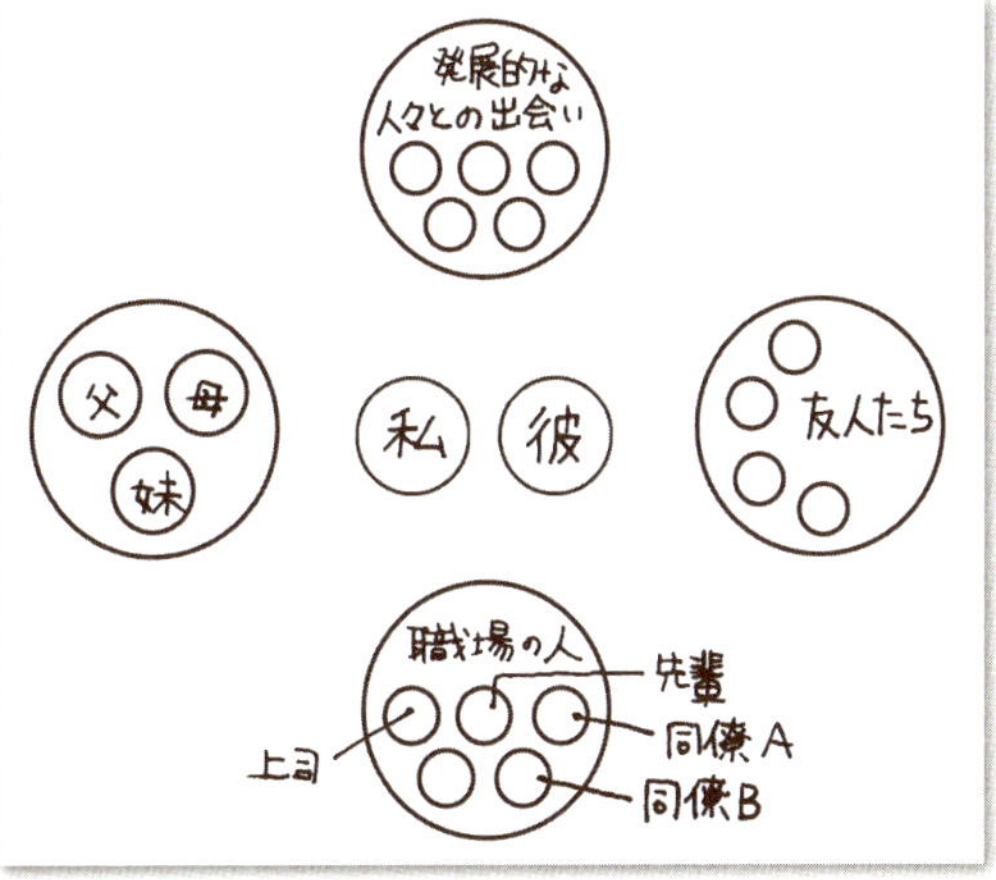

修正後の曼荼羅。自分と彼を中心に大きく描き、お母さんは離して、お父さんや家族と一緒に。これで新しい生活を始められるようになる。職場の人々は自分を支えてくれる存在なので下に。上のスペースには、これから出会える人々を描いておく。

改めて客観的に見つめてみると、自分を取り巻く人間関係の現状と向き合うことができて、新たな望みに気づくこともあります。「この人との距離が近すぎて窮屈だ」「この人ともっとお近づきになりたい」「友人たちをもっと近くに寄せたい」など、紙を見て感じたことがとても重要なのです。

では、ここからがさらに肝心なのですが、曼荼羅の修正をします。

3　望ましいバランスの人間関係を考えて、新しい紙へと描き直してみましょう。

まず、自分を紙の真ん中にしっかりと大きく描きます。まわりの人も一人ひとり、適度で気持ちのよい位置関係になるように描き直してください。

←

4　望ましいエネルギー曼荼羅ができたら、そのイメージを忘れないように手帳に挟んで、ときどき見たり、ひそかに壁に貼ったりしておきましょう。

そのうち、自分の望んでいる状態へ、現実のエネルギーバランスが変わってきます。私たちは、心の中で思っていることを現実としてつくり出しているからです。

自分の行動について、いちいち他の人の意見が気になる場合は、こうして人生の主役を取り戻します。大丈夫。他の人は、その人の人生の主役なのです。あなたが自分の人生の主役を取り戻しても、いけないことは何もありません。

相手はむしろ、あなたを心配するあまり、あなたの人生に干渉しすぎている場合があります。そうすると、その人は自分自身の人生がおろそかになって、カラダや心や周囲とのトラブルが起きたりします。

自分も、他の人も、それぞれの人生の主役であることを尊重し、互いの人生を守るための境界線を引くことが大切です。

たとえ誰かに何かを言われたとしても、あなたの人生はあなたのもの。自分がよいと思って行ったことで痛い思いをしても、自分でその責任を取るのですから、それでいいのです。

このカラダ、この家族での人生は一度きり。開き直って、クリエイティブに謳歌してしまいましょう！

思い込み 7

自分にはやる能力がない…

すばらしさを認め合える仲間をつくりましょう！

自分に自信が持てない。だから、やりたいことがあってもできない……。

こんなふうに、「やりたいこと」を考えるたびに自分自身への信頼感がぐらついて、途端に「ぐるぐる思考」のワナにはまってしまうケースがあります。

夢をかなえることには強い憧れがある分だけ、「どうして自分はやる気が続かないんだろう」とか、「能力がないのかな」などと、つい自分を責めてしまいがちですよね。

でも、自分を責めたりなじったりしても、効果はありません。

やりたいことを実現するために必要不可欠で、心が叫ぶほど求めていること…

……。それは、他の人から、あなたの〝ありのままのすばらしさ〟を認められることではないでしょうか。

たとえば、

「そばにいてくれて、ありがとう」

「○○さん、大好きよ」

究極のポジティブワードである、ありがとうと大好き。

そして、

「手紙に添えてもらったあなたの言葉に、愛を感じたわ、ありがとう」

「あなたの仕事ぶりは丁寧で、細部にまで思いやりが感じられます」

「さっきの会議では、君の優しい助け舟に、気持ちが救われたよ」

「勇気を出して提案してくれてありがとう」

「あなたが参加してくれると、場のムードがやすらぐわ」

「夢に向かってコツコツ努力しているのはすごいわ」

こんなふうに、やっていることの中に見えるすばらしさを「承認」する言葉をかけてもらうこと――。

夢の実現や目標達成に欠かせない自信や、自己肯定感の高さは、まわりの人から「承認」されることによって、形成されていきます。

ですから、家庭や職場が「承認」にあふれていないようなら、別の場を求めて出かけましょう！　互いを認め合える、すてきな人間関係の輪を探して、勇気を出してそこに入るのです。大丈夫！　今からでも遅くはありません。

「あなたはステキ」「すごい」「よく頑張っているね」「すばらしいよ」「大好きよ」と認め合い、賞賛し合い、励まし合える人間関係の中にいると、勝手に自分に自信が湧いてきます。

そのためには、**まずあなたが人を承認すること。他の人を承認すればするほど、あなたが承認される機会も増えてきます。**あなたが発信源になってうれしい循環をつくっていきましょう！

自信がないのは、まわりからの感謝や承認の言葉が少ないことが原因。

自分に
自信が持てない

自分から
まわりを
ほめると

ちょっとだけ勇気を出して、まわりの人をほめることを習慣にしてみる。

ほめられたり
感謝される!

まわりの人から承認の言葉をたくさんもらえて、自信が持てるようになる。

自分の「棚卸し」をしてみると きっと新しい発見があります！

さて、ここまでの7つの思い込みはいかがでしたか？

「なあんだ、そんなことを怖れていたのか」と、少し気が楽になったでしょうか？

前よりも〝やりたいこと〟が身近なものに感じられていたら、大成功です！

さらに「やりたいことを本気で見つけたい！」というあなたに、ぜひやっていただきたいことがあります。それは、**あなた自身の中に眠る「宝探し」。つまり「棚卸し」です。**

人はみんな、磨けば光る宝物をいくつも内側に秘めています。でも、あわただしい毎日の中で、そんな宝石を持っていることすら、忘れてしまっているのです。

このあたりで一度、自分自身を振り返ってみましょう。

まず、あなた自身が好きなこと、得意なこと、大切にしていること、ほめられてうれしかったことなどを、丁寧に思い出すことから始めます。

たとえば、小学校のころに絵画コンクールで賞を取ったとか、昔から英語の原書を読むのが好きだとか、声がいいとほめられるのがうれしいとか……。

そうしたことの中に、あなたの持っている才能がたくさん現れているはずです。

では、棚卸しの質問です。

Q 今までやってきたことの中で、楽しかったこと、好きなこと、夢中だったことは? それはどんな部分が好きでうれしかったのでしょう? どんなところに、充足感を感じましたか? どんな努力をしたのでしょう?

Q 今までやってきたことの中で、ほめられたこと、賞賛されたこと、認められたことは? なかでもほめられてうれしかったのは、どんなことでしたか?

Q 今までやってきたことの中で、すごく努力したこと、続けてきたこと、頑張ってきたことは? そこから学んだこと、得られたことは何でしょう?

自分のために時間を確保して、これらを、実際に紙に書き出してみましょう。

順番でなくてもいいし、ランダムでもＯＫ。幼児時代、小学生時代、中学生時代と年代順に書き出してもいいし、リストにしてもいいし、イラストのように描いていってもいいでしょう。

必ず、自分自身についての新しい発見、気づきがあるはずです。

特に、書いたことすべてに共通している要素に注目してみると、自分自身が大切にしている価値観に気づくこともできるでしょう。


「好きこそものの上手なれ」という言葉があるように、「好き」ということはすばらしい才能。好きだったら続けられますから、スキルを磨いたり、経験を重ねたりして、できることの質を高めることができます。

特に小さなころから得意なこと、努力しなくてもできたことは、あなたが生かされるために持ち合わせている宝物です。そして、これまでの人生経験によって得てきたことは、今生で追加された能力です。

それらを、丁寧に思い出してください。

今のあなたは、それらを十分活かしていますか?

持ち腐れになっている宝物があったら、これからの人生で活かしていくことを考えていきましょう!

本当にやりたいことを自分にさせてあげる!

じんわりと内側から幸せを感じられるとき、それが“本来のあなた”らしくいられるときです。1日の中で、「幸せだなあ」と思った瞬間があるなら、まずはそれを大切にして、同じように幸せを感じる時間を増やしていきましょう。

たとえば、心から幸せを感じる友人との外出が月に1回だとしたら、月に2回、あるいは週に1回のペースに増やす。穏やかに本を読む至福の時間が1日に30分あるとしたら、それを1時間に増やせるように、他の用事を調整する。本当にやりたいことができるのが10日に1回としたら、少しずつでも毎日できる方法を考えて実践するのです。

幸せを感じているとき、心とカラダのバランスは自然に整い、すべてがよい方向へ向かいます。誰にも平等な1日24時間の活かし方で、人生の充実度が変わることは、みんなわかっていますよね。だからこそ、人の言葉や情報に反応したり、感情に翻弄されたりして過ごしている時間を減らし、本当にやりたいことを自分にさせてあげましょう。

そのために、まずは自分から行動を起こすこと！　するとみるみる、本当にやりたかったことが実現へ向けて動き出します。

Chapter 3

芽吹いた夢は大きな愛で育てましょう♪

私たちが夢を持つのは、
内側に大きな愛があるから。
宇宙のサポートを受けながら、
自分らしい方法で、
人や世の中の役に立ちましょう！

自分の「夢」の先に愛を発見して♪

自分の抱く願いは「自分のためだけではなく、他人のためにもなること」だと心の深いところで納得できると、願いをかなえようとする力はより強くなります。

自分一人のためには頑張れないという人も、他人のためにはものすごい力を発揮したりするもの。

これは、愛の力です。

私たちのハートには、自分でも驚くほど、深い愛が隠れています。

あなたがやっていきたい仕事も、あなたがなりたい自分像も、本当のところは愛に根差したもの。たとえ気がついていなくても、すべての本当の願いは、あなた自身の深い愛からきているのです。

たとえば、結婚をして幸せに生きたいのはなぜ？　それは、愛情を交換し合える人と一緒に生きることができたら、あなたの内面の愛がもっと発揮されて、周囲の人にも優しく接することができるから――より自分やまわりの人を幸せにできると思うからですよね。

あなたが育てようとしている夢ややりたいことの芽は、まだ小さくて頼りないかもしれません。本当に実現できるだろうか、してもいいのだろうかと迷うこともあるでしょう。

そんなときは、あなたの願いが、小さなエゴや臆病な保身から生まれたものではなくて、あなたの中の大きな愛からきているのだと、思い出してください。あなたの抱く願いが愛からきているものなら、それは宇宙のサポートを受け、より確かに実現化していきます。

幸福に満たされた生活を想像してみましょう。
あなたが抱いている夢は、他の人や世界を、どのように幸せにしますか?

最初は想像しにくくても、だんだんと慣れてきます。

じわじわと胸に広がっていく満ちたりた気持ち。ありがたさ。幸福感。まわりへの感謝。内から湧き出る愛情に従って生きているとき、私たちはえもいわれぬ充足感を感じ、幸せに浸ることができます。

目を閉じて、その気持ちを、存分に味わってください。

あなたが味わっている深い喜びこそ、あなたの想像を現実へと形にしてくれる強力な原動力です。

価値観のクローゼットを見直してみましょう

幸運を引き寄せるのは、「自分は運がいい♪」という価値観を持ち、「私は幸せになる力がある」と信じて行動している人です。

ですが、いつのまにか培われた価値観とは怖ろしいもので、たとえば「いい出会いがない」「私はお金に縁がない」「仕事はつらいもの」――ふと気がつくと、あなたがこのように考えていたり、言ったりしているとしたら……大変です！

今すぐ、

「イヤ、私は出会いに恵まれている」
「私はお金に愛されている」
「仕事は楽しくてありがたいもの」

と言い直しましょう。

「え〜、現実はそうじゃないのに……」と思っても、四の五の言わずに（笑）、まずはそうしてくださいね。

未来とは、思い（イメージ）がつくり出すものです。出会いに恵まれていると考えると、いい出会いがやってくるようになるので、結果オーライになります。

とても信じられないような幸福も、口にするからこそ現実になっていくのです。

たとえば、少し極端な例かもしれませんが、「男性＝浮気をするもの」「仕事＝我慢してやるもの」「人間関係＝難しいもの」とかたくなに思い込んでいる人がいるとします。「イヤだけど、でもそういうものでしょう？」と考える人には、きっと相応の現実が起こっていることでしょう。それでますます、その思いを強くする結果になります。

でも、お隣の人は、「男性にはとても誠実な人がいて、私が浮気をされることはない」「仕事とは、私の愛と才能を発揮して、人に喜んでもらえること」「私の人間関係はすべて円満でありがたい」と思っているかもしれませんよね。そして、このお隣さんには、その思いを強くするようなハッピーな現実が起こっているはずです。

自分を不自由にする価値観を手放そう!

バランスがとれているとき

女性にとって「愛」は重要な価値観。「愛されたい！」というのは、お互いの尊敬に基づいたポジティブエネルギー。

そこにエゴが入ると?

見栄や他人との比較といったエゴが加わると、「愛されなくてはならない」と考え始め、重いエネルギーを発する。

さらにひどくなると?

「愛されない私には価値がない」のように考え、そのネガティブエネルギーによって力が奪われる。

いったんこれに戻そう!

「恋人がいても、いなくても、私の価値は変わらないけれど、愛されたらすごくうれしい！」。これでナチュラルなエネルギーが満ちる。

「やっぱりね……！」

「思っていた通りだわ！」

常々、そう思うような現実がやってくるのは、私たちの「思い」が「現実」を引き寄せているからです。


あなたは心のクローゼットに、どんな価値観を揃えていますか？

私たちは、どんな物事についても独自の価値観を持っていますが、それが純粋に自分オリジナルであることは、そう多くありません。他人から言われたことや、親の口癖、世間の風評、著名人の言葉、テレビからの情報といった不確定な情報が、そのまま自分自身の価値観になっていることも多いのです。

「何だかイヤ」「ちょっと違う」「あの人はいいなあ」「うらやましい」……。日常の中で感じる心ざわめく感覚は、大事にしてきた価値観を見直すためのサインなのかもしれません。そのチャンスを見逃さずに、今の自分にピッタリの新しい価値観を採用していきましょう。

胸にそっと手を当ててハートのヒーリングを

自分自身の持っている不要な価値観に気づくのは、誰にとっても息苦しいものですよね。そんな胸が苦しいと感じるときにおすすめなのが、これからご紹介するハートのヒーリングです。

ハートのヒーリングの方法

まず胸に手を当てて、深呼吸してください。口からゆっくりと長く息を吐いて……、吐ききったら、鼻から吸います。

スーッ……、ハーッ。
スーッ……、ハーッ。
スーッ……、ハーッ。

「ありがとうございます。私はより自由になります。ありがとうございます」

そんな気持ちで胸に手を当てていると、だんだんと心に調和が生まれてきます。3回も呼吸を繰り返すと、ずいぶん落ち着いてくるでしょう。不要な感情も徐々に体外へ出ていってくれます。

古い価値観、特に親子関係に端を発している価値観には、なかなか取り換えにくいものもあるかもしれません。それに向き合おうとするだけで、心が拒否し、カラダのどこかが痛くなったり、熱や涙、咳が出たりすることもあるかもしれません。

でも、大丈夫。

古い価値観を見直すときに浮かんできがちな、悲しみや怒りといった感情は、あなたの中にたまっていたネガティブエネルギー。それをずっと抱えていたために心が不自由になり、行動が制限されていたことも多かったはずです。

でも、ここが肝心なのですが、**過去に起こったことは、これからの未来と、実は無関係です。**

過去から学んだこと、**つらい体験から学んだことに思いをめぐらせ、そのことに感謝し始めると、古いエネルギーが流れ去っていきます。**執着せずに手放し、笑って、あるいは泣いて忘れてしまいましょう。ハートに手を当て、深呼吸して、流してあげてくださいね。

Let's try 悲しさ・つらさを癒す ハートのヒーリング

ハートのチャクラ（バストトップと正三角形をつくるところ）に手を当てて、3回以上、深呼吸する。呼吸はゆっくりと長く。吐くときは口から、吸うときは鼻から。「ありがとうございます。私はより自由になります。ありがとうございます」と心の中で唱える。

神様の仕事をするために準備をしておきましょう

古い価値観にとらわれなくなると、「もっと自分に正直に生きたい」「自分にとっての天職といえる仕事をしたい」という願いが出てくる場合があります。

自分が本当にやるべき仕事は何か？　それは誰もが興味のある話題ですよね。

私には人生の転機で、そのつど示唆を与えてくれたたくさんの師匠がいますが、スピリチュアルカウンセラーのAさんは、東京で最初の師匠でした。

まだ会社員として働きながら進路に不安を感じていたころ、「将来、本を書きたいんです」と話した私に、Aさんは「あなたは本を書きますよ。エッセイのような短い文章も書くでしょう」と言いました（Aさんはオーラを見て、過去や未来を感じる方です）。

それから独立して数年後、執筆活動が思うように進まないことを悩んでいたとき、「本を書くことを通して、〝神様の仕事〟をさせてほしいと願うといいわよ」とアドバイスをもらいました。

「私は全力で世の中のために愛と感謝の仕事をするので、どうぞ本を書くチャンスをください、と思っていたらいいわよ。そしてその準備をしておくの。そうしたら、タイミングがきて仕事が与えられます。お仕事をもらうって、そういうことよ」と。

この言葉に、はっと目が覚めたような思いがしました。不安や心配、自分を責めてばかりで、肝心なことを置き去りにしていたと気づいたのです。

それ以来、このことをいつも頭に置くようにしています。

「神様の仕事をする」

それは、この人生において「愛」を表現することです。

内側からあふれる愛を誰に向かって、どんな形で表現するのか。それがその人にとっての神様の仕事＝天職です。

誰もが自分らしく〝神様の仕事〟をしていけるのが理想ですね！

今の仕事に愛を込めると やりたい仕事がやってきます

「天職を見つけたい」「もっとやりがいのある仕事をしたい」という夢がある方は、まずは今の仕事（家事や子育ても含む）に愛を込めましょう。

それが、やりたい仕事や天職を引き寄せる早道です。

笑顔であいさつをしたり、書類やパソコンを丁寧に扱ったり、職場を掃除して花を飾ったり、ハイ！　と明るい返事で取り組んだり……。

そうするうちに、内側からやりがい（愛）があふれてきます。

どんな仕事も、愛を込めて行うとすばらしい仕事になります。何を行うにしても「私はすばらしい仕事をしている。ありがたい」。こんなアファメーション（肯定宣言）を口グセにしてみてください。

いつのまにかまわりにも喜ばれ、感謝され、自分でも満ちたりた気持ちになっていきます。そして、**あなたが発するエネルギーが愛と感謝に満ちたものに変わっていくと、それにふさわしい仕事との出会い（引き寄せ）が起こります。**

今の仕事に感謝して励む中で、「もっと自分の愛や才能を発揮できそうな仕事や分野が別にある」と感じ始めたら、そちらに移行するタイミングかもしれません。いわゆる「役不足」という状態になると、あなたにふさわしい、新しい役目がやってきます。勇気を持って、もっと愛を発揮できる仕事へチャレンジしてください。

愛や才能を思う存分発揮できる仕事をイメージして、それを探し、なければつくってしまいましょう。この繰り返しで、ますます本来の自分らしい人生が展開されていきます！

今いるステージからの「卒業」を決めましょう

明確になった「自分の夢」のためには、何かを手放す必要も出てきます。時間や、お金、気力を、もっと有意義に使いたいと思うようになり、今までのあり方を見直すことになるのです。

なかには、今している仕事や、住んでいる場所、友人などとの別れもあるかもしれません。

未来へのワクワク感が高まるあまり、気が焦って「一刻も早く新しいステージに進みたい！」となるかもしれませんが、ちょっと待って。突然家を飛び出したり、職場を放棄したりすると、周囲に衝撃が走ります（笑）。まずは卒業のタイミングを決めましょう。

ただ漫然と働いていると、このタイミングが見えてきませんが、今いるステー

ありがとう
さよなら！

ジからの卒業を決めたときから、新しいスタートへのカウントダウンが始まります。

お別れしたい人たちと、だんだんと、穏便に、疎遠になっていく。あるいは、手を引きたい仕事から、着々と準備して、自然に外れていく。そんな「立つ鳥跡を濁さず」の精神で、大円満の卒業式にすると、幸先のよい次のスタートを切ることができます。

たとえ今は、あなたの気持ちに合わなくなった仕事や人間関係であっても、かつてのあなたとは、何か引き合うものがあったからこそ、出会ったご縁です。

うれしいことも悲しいことも、学ばせてくれたことに感謝して、「ありがとう、さようなら」でお別れしましょう。

あきらめないで
お金は必ずついてきます

好きな仕事をして食べていくのは、可能です。それで「食べていく！」と決めれば、何が何でも、あなたはやっていくからです。

あきらめないで。お金は必ずついてきます。

「愛に基づいた〝神様の仕事〟をしていたら、お金は必ずついてくるから、心配しなくても大丈夫よ」

私も独立したばかりのころ、信頼していた前述のAさんにそう励まされました。

やってみたい仕事があるなら、何度でもチャレンジしましょう。

やってみたいことが複数あるなら、複数の仕事をやってみましょう。

やってみたいことがいくつかある人には、それができるくらいのパワーがあるはずです。

未知のことに不安があるのは当たり前。考えすぎると動けなくなる。

あなたの夢が、どんなにまわりの人に役立つかイメージしてみよう。

愛に基づいた“神様の仕事”をすれば、お金も入ってくるようになる。

もちろん、未知のことには不安があって当然です。でも、やる前から〝こうあってほしくない〟イメージを延々と詳細に思い浮かべても、成功には結びつきませんよね。シンプルに「どうしたらうまくいくかな？」と考え、そのときのベストオブベストを選択することが一番です。

怖れよりも愛が勝るように、あなたの夢が実現したときのことを想像し、その喜びに身も心も浸してみてください。そして、その夢の実現によって、あなたの大切な人たちがどれほど喜び、幸せになるかを想像してください。

あなただから描ける、幸せなイメージの力で、あなたのまわりから世界を幸せにしてください。そうすればお金もついてきます。あなたには必ず、それができます♪

「学び」を終わらせるには「全力で取り組む」こと

もし、あなたが職場を変えるかどうか、仕事を変えるかどうかを迷っているなら、今いる職場や仕事を通して「学べること」を、まだ「学び終えていない」のかもしれません。

全力で、自分にできることをやりつくしましたか？
結果ではなく、納得できる働き方ができましたか？
やり残していることがあるとしたら、どんなことでしょう？

今の職場を、あなた自身がより居心地のよい場に変えていきたいのか、またそこでの仕事は、本当に心からやりたいことなのかを考えてみましょう。

自分にまわってきた役割に対して、愛や才能を集中して最善をつくしたら、「私にやれることは全部やったし、あとは天にお任せだわ」という境地になり、執着のない晴れやかな気持ちになれます。

でも、満足できるほど努力したと思えないと、次のステップへ進むことに躊躇《ちゅうちょ》が生まれがちです。

今いるステージでの学びを終わらせるには、そのことに全力で取り組むこと。これだけやったら自分が満足して次へ進めるという目標（境界線）を決め、それをどんどん行いましょう。

すると、ほどなく「次にはこうしたい」と決意するタイミングとチャンスがやってきます。

これまでの自分を全肯定！
すると次へ進めます♪

今とは違う仕事がしたい、あるいは続けていたことが一段落して、早く次を決めたいのに、なかなか心が決まらない……というのもよくあることです。

そんなとき、自分自身へ、次の「まとめの質問」をしてみましょう（仕事・これまでのお付き合い・やってきたことを通して）。

まとめの3つの質問

Q 何が学べましたか？

Q 何が役に立ちましたか？

Q 何がおもしろかったですか？

ああ、こんなことを学べたなあ。こんなことに気がつくことができた。あのことがとても役立った。こういうことがおもしろかった――。まとめの質問によって、過去から現在までを全肯定することができます。

「こんなことを学ばせてくれて、気づかせてくれて、ありがとうございます！」

過去から現在までへの感謝が湧いてきたとき、人はそんな軽やかな気持ちで次のステージへ進むことができるのです。

すると、未練や後悔を引きずった状態ではなく、胸一杯の感謝を抱えて、さよならすることができます。

反対に、過去から現在までを自分が肯定しないままでいると、自信を持って次へ進むことができません。

「さあ次へ進め」と自分のお尻をたたいて叱咤《しった》する前に、まずは「よくやったね」というねぎらいの言葉と、まとめの質問に答える時間を与えてあげましょう。

次の章からは、動きたくなったあなたを全面的に応援していきます！

自分と向き合う時間をつくること!

忙しすぎると、自分が本当は何をしたいのか、見失いがちです。

私の知っている女性で、夢をかなえるために、会社での残業を減らすことに本気で取り組んだ人がいます。

その方は、夜は23時くらいまで仕事をすることも少なくない毎日でしたが、それでは付き合っている彼との結婚の話も、以前から出ていた友人との旅行の話も、いずれしたいと思っている転職の準備も、まったく進みません。

そこで彼女は、就業時間に集中して仕事をするようにして、残業を減らし、1日30分、帰宅前にカフェで自分と向き合う時間を持つようにしたのです。これを習慣にしてから、彼女は会うたびに表情が明るくなっていき、自分らしさを取り戻しているのがわかりました。

2か月後には友人たちとの旅行の日程が決まり、3か月後にはトントン拍子に結婚の日取りが決まって、5か月後には実際に結婚式を挙げてしまいました。

たった1日30分が起こした、うれしい奇跡。自分と向き合う時間の大切さを教えてくれた出来事でした。

Chapter 4

あなたの行動を妨げる 重いブレーキを外しましょう!

やりたいことがあるのに、
動けないのはなぜ?
心の中に抱えているたくさんの
ブレーキに気づくだけでも、
心とカラダが軽くなるから不思議です!

「でも、やっぱり…」とチャレンジを妨げる7つのブレーキ

やりたいことはわかってる。

でも、こわい。

一歩踏み出せないのはなぜ？

どこに原因があるの？


「何かやりたい」と思うのに、ほぼ同時に「やっぱり」「でも」という言葉が浮かんできて、足がすくんでしまう……。

これは誰にでも経験のあることですよね。

たとえば、こんな気持ちが、「やりたいこと」にブレーキをかけていませんか？

チャレンジを妨げる代表的なブレーキ

1 変化するのがこわい。違う自分になるのがこわい ↓ 怖れのブレーキ
2 自分には無理に違いない。自分にはふさわしくない ↓ 制限のブレーキ
3 しくじったらどうしよう。前もダメだったじゃないか ↓ 失敗のブレーキ
4 それをするのは、とても大変そう ↓ 脅迫のブレーキ
5 よくわからないことは、やめたほうがいい気がする ↓ 未知のブレーキ
6 何か大きな犠牲を払うことになるかもしれない ↓ 苦労のブレーキ
7 私さえ我慢すればいいのだから、やめておこう ↓ 滅私のブレーキ

右に挙げた7つが、ごくありがちなブレーキの種類です。
育った環境や経験などによっていろいろなパターンがありますが、大丈夫!
どんなブレーキも、その正体を知るだけで、ずいぶん軽くなるのです。
では、次から、それぞれのブレーキについて詳しく見ていきましょう♪

1
怖れのブレーキ

変化するのがこわい…

変化は進歩です こわがりながら進みましょう

私たちは、基本的に変化を怖れる生き物。

大脳生理学の研究によると、脳の中でも古い部分である大脳旧皮質という場所は、とりわけ変化を嫌がり、現状維持を望む働きがあるそうです。

「今のままでいいじゃない」「変わるなんて面倒だよ」

「新しいことなんてこわいよ」「お金も時間もかかるじゃない」

新たなチャレンジを考えた途端に、あなたの頭の中からそんな消極的な声が聞こえてきませんか？　何か新しいチャレンジをしようとすると必ずチャチャを入れてくる……。何とかやめさせようとして、あれこれ反対理由を出してくる……。

どうやらそれが、大脳旧皮質の働きのようです。

これはある種、生き物の生存本能のようなもの。未知の環境でもきちんと身を守ることができるように、変化を避ける防衛本能が働いているのです。

でも、こわさを感じるということは、逆にいえば、その事柄にチャレンジすることで〝必ず大きく進化できる〟という証でもあるのです。

人間は、他の動物と異なり、短期間で進化することによって今日の繁栄を築いてきました。他の動物に比べて発達している大脳新皮質が、新しいチャレンジを司っています。変化を求める気持ちやチャレンジも、あらかじめヒトのＤＮＡにプログラムされているといえるでしょう。

ですから、**「変化はこわい」という思い込みが強すぎて、その気持ちを超えてチャレンジできないと、人間らしく生きている実感が湧きにくくなってしまうのです。**

新しいこと、変化は、こわくて当たり前。

それがどんな小さなことでも、こわいものはこわいのです。

こわがっている自分を認め、まずは許してあげましょう。

心配なんです
大丈夫ー

そして、おもしろいことに、「こわいのです。でも、こわさを克服して先に進みたいのです」と正直に人に伝えることも効果があります。

「えっ、そんなことが気になっていたの？　だったらこうしたら？」

「どうしたら前に進めるか、一緒に考えよう。大丈夫だよ」

そんなふうに、周囲からの助けが入ります。

怖れを克服したいと強く願うあなたなら、助け合える人との出会いを必ず引き寄せますから、どうぞ安心してください。

2 制限のブレーキ

自分には無理に違いない…

「できない」という不安には根拠がありません

跳べないノミの話を聞いたことがありますか？

本来、ノミのジャンプ力はすばらしく、体長の約２００倍も跳ぶことができるそうです。このノミを透明なフタがついた箱に入れておくと、ノミはジャンプして、何度も何度もフタにぶつかります。

すると……、そのうちノミは、フタをとっても、もう高くジャンプしなくなってしまうそうです。

フタがなくても、フタがあったときと同じ高さまでしか跳ばなくなったノミ。

このノミに自分の姿を重ね合わせる人は少なくありません。

私たちは、評価社会に生きています。小さいころから何かと他人と比較されて、与えられた役割をこなすことに慣れてしまっています。**でも肝心なのは、そうした外部からの評価と、あなた自身の本質的な価値は、まったく別の次元にあるということです。**

自由な時代・自由な国に生きていながら、不自由さや窮屈さを感じている人が多いのは、他人の評価が私たちを縛っているからではないでしょうか。

あれをしてはいけない。

あなたにはこれがふさわしい。

あなたはこういう人だ。

人や情報から与えられるこうした枠組みのすべてが、知らず知らずのうちに窮屈な価値観として、自分の中に根を張っていることがあります。

心とカラダのバランスが整っているときは、他人から何を言われても平気ですが、心が傷ついていたり、不安なときや自信を失いそうなときは、とても強く影響を受けてしまいます。

でも、大丈夫！　あなたに無理なこと、できないことなんて何もありません。

頭の中で「そんなの無理だよ」とあなたを制限する声が聞こえてきたら、

「でも、無理じゃないとしたら？」

「もしかして、できるとしたら？」

と、自分を解放するような明るい問いかけをしてみましょう。

その瞬間にあなたは宇宙の叡智《えいち》とつながります。

自分でも不思議なほど、勇気や、やる気がみなぎってきたり、すばらしいアイデアやひらめきが降りてきて、あなたをサポートしてくれますよ！

3
失敗のブレーキ

しくじったらどうしよう…

チャレンジした経験からは得られるものが必ずあります

「あのとき失敗したから、またうまくいかないのでは?」

もう今は、昔とは違うあなただとわかっているのに、ついそう思ってしまって、チャレンジができない。そういう傾向があるなら、心に引っかかっている過去の出来事を一度クリアーに清算しましょう。

私たちは、日々いろいろなチャレンジを繰り返していますよね。その中には、うまくいったなあと思えることもあれば、そうでないこともあるでしょう。

ですが、「あれは失敗だった。しないほうがよかった」と思うと、それがとても悲しい、ネガティブな思いとなって、あなたのカラダに宿り続けます。

「怒り」や「悲しみ」といったネガティブなエネルギーと同様に、「失敗」という評価は、あなたのパイプを詰まらせる大きなゴミになってしまうのです。

同じ事柄であっても、**「あれも学びだった。あのときは苦しかったけれど、おかげでこんなことを学べて、成長できた。だから感謝だな。ありがとう」。**

こんな考えに置き換えることができれば、その出来事にまつわる記憶は一瞬でポジティブなエネルギーに転じ、あなたをパワフルに高めてくれます。

中国に「人間万事塞翁《さいおう》が馬」という故事があります。落馬するといった一見「不幸」な出来事でも、そのケガのおかげで戦争に行かずにすむなど、長い目で見ると、どんな「幸」に転じるかわかりません。〝人生そのものをすべて俯瞰するような大きな目で見てみると、すべてはうまくいっている〟というたとえです。

やる前から「うまくいかないのでは」と思うのは、うまくいかない未来をつくり出すのも同じこと。ですから、「うまくいかないかも」という思いが頭をかすめたら、そのつど、「でも、うまくいったらどうしよう。すごくうれしいな！ワクワクしちゃう！」と言い直して、うれしい想像をするクセをつけましょう。

チャレンジすれば今の自分にふさわしい結果は、必ず出ます。たとえ望むような結果でなかったとしても、必要な学びがあり、すばらしい気づきが得られることは間違いありません。

うまくいくまであきらめない人には、それ相応のチャンスが何度でもやってきますよ♪

4
脅迫のブレーキ

とても大変そう…

心配性の自分に気づいたら「カンタンだよ」の呪文を唱えて

やるとなったら完璧を目指す人や、理想の高い人に多く見られるブレーキ、それが「大変そう」と尻込みする「脅迫のブレーキ」です。

このブレーキがかかりやすい人は、基本的に頭の回転がよいので、何かをしようとするとき、完了までの工程を瞬時に割り出します。そのシミュレーションは詳細で、万一の事態に備え、最悪のパターンまで想定しています。

すると、「やることが多いなあ」「時間がかかるなあ」「リスクもあるなあ」と、実際にやる前から疲れてしまいがちなのです。

細かく見ていくと、一つの仕事やプロジェクトを行うためにやることって、無数にありますよね。なかには、得意でないことも、好きでないこともあるでしょう。得意なことや好きでないことも、自分でしなければ……。あるいは、他人に任せていては完成しない……。

あなたには、そんなふうに考えてしまうクセがありませんか?

私自身もこのブレーキがとても強くて、いつも四苦八苦しています。

そんな経験から、このブレーキに一番よく効くのは、次のアファメーション（肯定宣言）。

脅迫のブレーキに効くアファメーション

「大丈夫。思ったより簡単だし、すぐできるよ」

「意外にあっさり終わる」

「案ずるより生むが易し」

これらを呪文のように唱え、生真面目すぎる自分を安心させてあげてください。

心配の多くは杞憂《きゆう》です。目の前のハードルを、実際以上に高く感じたり、目の

前の荷物を実際以上に重く感じたりするのが、あなたの心のクセなのだと認めましょう。

さらにもっと楽になるためには、人に助けてもらうこと。内心の孤独感が、気分の重さを呼んでいませんか？　信頼できる人に、ほんの少し応援してもらったり、手伝ってもらったりしましょう。本来優秀なあなたはそれだけで力が湧き、いつも以上の能力を発揮して、ラクラクと課題をこなしてしまうでしょう。

また、先延ばしにすると、その間のシミュレーションで何度も苦しんでしまいますから、気になることはなるべく早く着手するか、着手の瞬間まで忘れておくのが吉。ほんの一部だけ手をつけてみて、実際にどのくらいの時間とコストがかかるのかを割り出せば、安心できますよね。

大丈夫。あなたは、本来、とても優秀な人です。

あなたが思う１２０％の完成度は、他の人の２００％。あなたの80％は他の人の１００％です。倒れるまで力を出しつくさなくても、たいていのことが８割の力で何とかなりますよ♪

5
未知のブレーキ

わからないことは、やめたほうが…

疑問は調べることで不安を解消できます

よくわからないから、できない。

子どものころ、自分の無知や知識の少なさをもどかしく感じたことが、どなたにもあるでしょう。あのころは、わからないことが減り、できることが増えることに喜びを感じていたはず……。

なのに、今は調べればわかることを、もう何年も放ってはいませんか?

私自身、本もインターネットも、その他の情報源も、手を伸ばせばいくらでも手に入る環境ですが、あえて見ず、耳をふさいでいる状態になっていることがいくつもあります。アイタタタ……。

わからないことをわからないままにしておくことが、私たちは大好きです。なぜかといえば、事実を知ると「わからない」という言い訳ができなくなり、決断するだけになってしまうから。

ですから、心の底から「すばやく決断して前へ進みたい」と願っている人は、わからないことを積極的に調べて知ろうとしますよね。

ほしいものの価格、入手方法。

いずれやってみたい仕事の収入、やっている人の生の声。

興味のある分野の勉強の仕方、能力の高め方。

未知のことは怖ろしく不安に感じるものですが、既知のものになったとたんに、親しみが湧き、とても身近に感じられます。

こわいこわいと聞いていた取引先のボスにドキドキしながら会ってみたら、実は好きなタイプの人だったというようなことは、いくらでも耳にしますよね。

このとき注意しなければならないのは、「事実」の顔をした、人の「評価」です。人からの噂や風評は、事実ではありません。それを聞くとわかったような気がしてきますが、本当のところは知らないのと同じ。

ですから、**お近づきになりたいものほど、思いきって懐に飛び込み、顔の見える関係になりましょう。あなたの五感で感じたものが、自分にとって、もっとも確かな情報です。**

たとえば、移住を考えている国や土地があるなら、実際にいってみて、その場の空気を肌で感じてみるのが、一番の判断材料になります。興味のある仕事なら、副業やボランティアスタッフとしてでも、その現場に潜り込んで実際に体験するのが、やはり一番確かな情報です。

事実を知ったとたんに動き出すことは、実はたくさんありますよ！

調べたり、体験してみると
不安が減る！
Здравствуйте!

6
苦労のブレーキ

大きな犠牲を払うことになる…

楽しみながら幸運を受け取ってもいいのです♪

同じように目標に向かっていても、眉を寄せ、歯を食いしばって努力している人と、うれしそうに、楽しそうに励んでいる人がいます。

私はどちらかというと前者かな、というあなた。

「喜びには犠牲がつきもの」「成功するには、つらい思いをしなくてはならない」もしかして、そんなふうに思っていませんか？

これが「苦労のブレーキ」。

努力家の人、誠実な人、地に足の着いた頑張り屋さんに多く見られるパターンです。働き者のご両親から、「コツコツまじめに努力すれば、いつかは報われる（ラクして報われることはない)」と教わってきたのかもしれません。

あるいは、条件のついていない愛情や、棚からぼたもちのようなラッキーな出来事を、「そんな都合のよいことは、あるわけない。何か裏があるのかも……」と、心のどこかで疑う気持ちがあるのかもしれません。

このブレーキがかかる人は、人を頼るのではなく、自分で努力をするので、やればやっただけの結果を得ることができます。でも、「つらい思いをするかもしれないけど、それでもやらなくちゃ」という思いのために、実際につらい状況を招きがち。そのために、新しいことを始めるのにためらいが生まれ、人の何倍もの覚悟と勇気が必要になることがあるのです。

そこでまず、**あなたはもう十分に頑張っていて、それに対する評価や賞賛のごほうびを受け取ってもいいのだと、自分自身を認めてあげてください。**

あなたは、今まで誠実に、あらゆることにベストをつくして頑張ってきたのです。宇宙は、そんなあなたに見合う喜びの贈り物を与えようとしていますが、あなたが「喜びは苦しみとセット」と思い込んでいると、実際にそのようなラッピングで届いてしまいます。

宇宙は、無限の愛と富を備えた「足長おじさん」のようなもの。

あなたが望むようにあなたの人生をバックアップしたいのですから、得たい喜びを、大好きな色と素材のラッピングを指定して、宇宙にオーダーしてもいいのです。

「幸せをありがとう！　幸せにふさわしい私でいさせてくれて、ありがとう！」

ただ笑顔で両手を広げ、あなたにやってくる幸せを受け取ってください。

努力をいとわないあなたには、笑顔で、幸せを受け取る練習が必要なだけ。

あなたが自分の努力を認め、かわいらしい笑顔を見せるほど、まわりから大切にされ、ありがたい扱いを受けるようになるでしょう。

安心して、「大きな幸せ、カモーン！」と叫びましょう！

Chapter 4
あなたの行動を妨げる
重いブレーキを外しましょう!

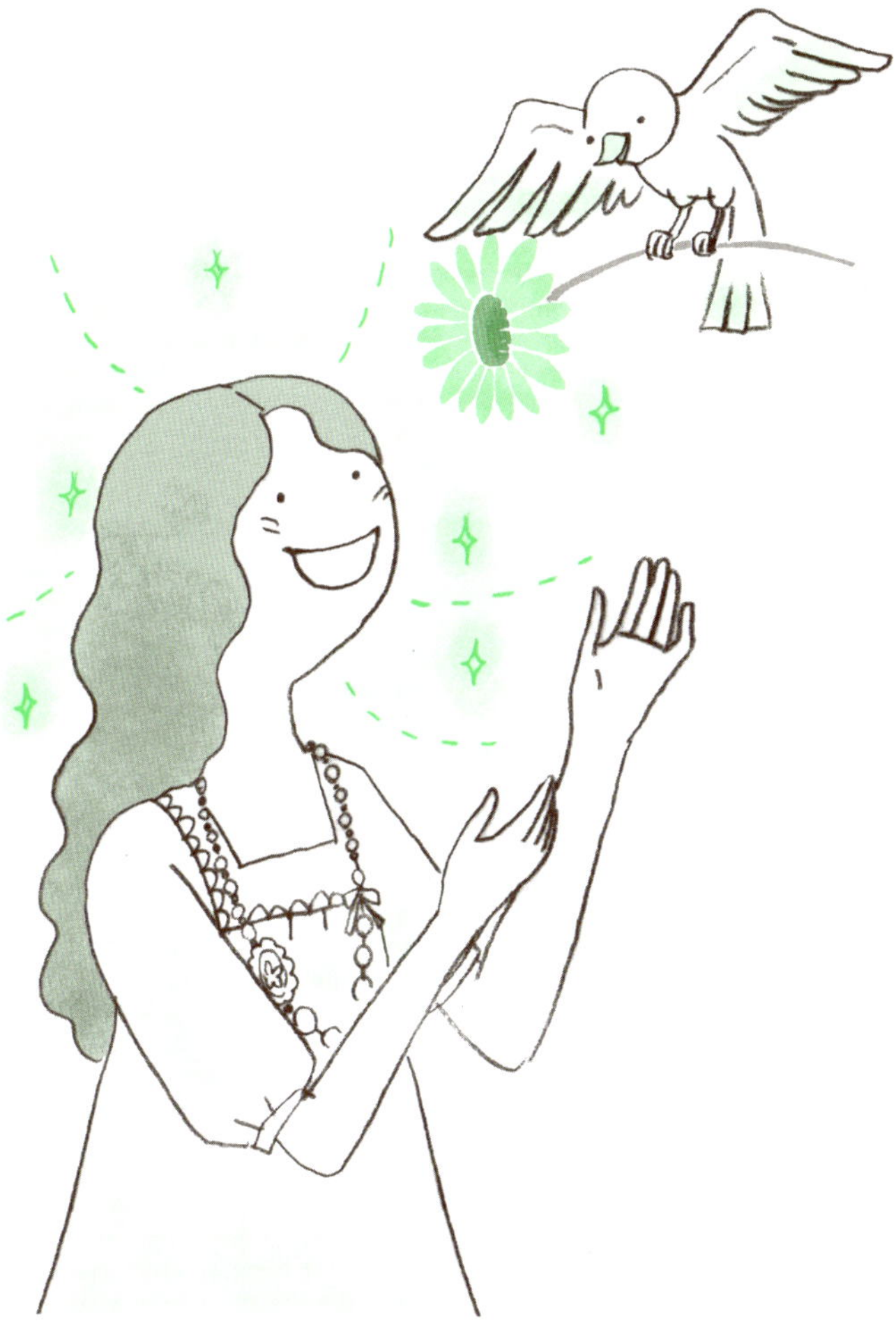

7
滅私のブレーキ

私さえ我慢すれば…

あなたは優しくて気のまわる人
少し「我慢」を手放しましょう

望んでいることがあっても、口にも顔にも出さずに我慢をしてしまう。

自分は少しつらくても、まわりがよければそれでいいと思う……。

そんなあなたには「滅私のブレーキ」がかかっているかもしれません。もしかすると、自己主張の強い人がそばにいて、そのために、あなたがやりたいことを素直に口にしたり、思い描くことすら、いけないことのように思い込んでいるのかもしれませんね。


けれど、本当は、今のあなたが何を思おうと、それで困る人はいません。

あなたは人一倍配慮ができて、気のまわる人なので、自分ではちょっとわがま

まかしらと思うくらいの自己主張をしても、まわりに迷惑をかけるようなことはないはずです。むしろ、思いきって感情や思いを出したほうが、相手とずっと早くわかり合える関係になれます。

それと同時に、根拠のない罪悪感を持つ自分、過去の自分の少し癒されていない感情を癒してあげましょう。

たとえば、「人に甘えられない……」と思うときにキュッと胃が痛むようなら、胃に手を当てて、「大丈夫だよ。あなたは頑張っているよ。よくやったね」と何度も声をかけながら、ナデナデしてあげてください。

「頑張らなくちゃ」と思うときに胸が苦しくなるようなら、胸に手を当て、深呼吸しながら「大丈夫。助けてくれる人はいるし、必ずうまくいくよ」と安心させてあげましょう。

「滅私のブレーキ」がかかりがちな人は、普段から本当によく頑張っています。ですが、自分に厳しい気持ちで接しているため、苦労がついてまわったり、ごほうびが与えられなかったりするのです。

でも、あなたが何一つ我慢をしないで、うれしく楽しいことをして、それでまわりも幸せでハッピーになる未来を思い描いてもいいのです。現実はそのように動きます。
66ページで紹介している「エネルギー曼荼羅」を描いて、あなたを自分の人生の主役に置くことも、きっと役に立ちますよ♪

Let's try
不要な感情を浄化する胃のヒーリング

ストレスを感じたときは、胃に手を当てて「大丈夫だよ、よくやったね」と声をかけながら優しくなでる。

大丈夫☆心のクセは変えていけます!

はい、ここまでで、ブレーキの話は終わりです。

ふ〜〜〜。いつのまにか息を詰めていた方は、大きく息を吐いてください。

自分の心の中にあるブレーキについて見ていくのは、誰にとっても勇気のいることです。きっと「ウッ」と胸や胃が痛かったこともあれば、ズーンと悲しい気持ちになったりすることもあったかと思います。

なかには「どれもこれも心当たりがあって、ブレーキの多さにびっくりした!」「ブレーキ、強力すぎる!」と感じた方もいらっしゃるかもしれません。

あるいは、ここまでの7つに載っていなかった、特注品のブレーキを持っている人もいるかもしれませんが、それに気づいたらメモをとっておきましょう。

ブレーキの存在に気づくことが、とても重要だからです。

ブレーキを外すと
自由になれる!

ブレーキは、過去の体験や教わった価値観からくる「思いグセ」。私たちは普段からたくさんの目に見えない「思い」に、影響を受けているのです。

でも、その正体がわかればもう大丈夫。**今ブレーキが外れた感じがしなくても、意識していれば、いずれ外せます。**「自分の行動・チャレンジを妨げていたものの正体がわかってよかった！」ととらえるのがおすすめです。

焦りは不要です。

自分を不自由にするクセはだんだんと改めて、あなたをより自由にするクセをつけていきましょう！

お気に入りの人や場所に近づく!

あなたが「ステキ」だと思うものは、本来のあなたにふさわしいエネルギーを発しているものです。憧れのライフスタイルを実践している人や、住みたいと思える街、身につけたいと思う服やバッグ、入りたいと思う店……。それらの「ステキエネルギー」は、あなたに影響を与えます。

あなたの中に眠っている、あなたらしいステキさを呼び起こすために、積極的に「ステキエネルギー」を浴びにいきましょう！　何度もそのエネルギーを浴びるうちに、あなた自身が、同質のステキエネルギーを発するようになります。

そうなればこっちのもの。あなたの望むような豊かさを、引き寄せられるようになります。最初は、小さな違和感や緊張感があるかもしれません。でも、すぐに慣れます。

憧れの人や憧れの場所は、「少し敷居が高い」と感じられるものばかりです。けれど、近づこうとアクションを起こした時点で、すでにあなたの「豊かさスイッチ」がオンになり、豊かさは現実になりつつあるのです。

勇気を出して一歩を踏み出すことで、どんなあなたになることも、可能です！

Chapter 5

たくさんの人が あなたの夢を応援してくれます

一人きりで夢をかなえる
必要はありません。
まわりの人に応援してもらえる
コツを知って、
楽しくスイスイと
自己実現していきましょう！

「なりたい自分」をまわりの人に宣言しましょう

なりたい自分、やってみたいこと、興味のあること、知りたいこと。

それらの情報を外に向かってどんどんアウトプットしましょう！

話す、書く、つくるなど、表現することのすべてが、エネルギーを外へ発信することですから、発信したエネルギーに見合うものがあなたへと返ってきます。

まさに「言ったら言っただけ」「書いたら書いただけ」、思いが現実になるスピードは加速すると言っていいでしょう。

時と場所と相手を選んで、信頼できそうな人に心を開いて話してみると、相手はあなたの本気を受け取ってくれて、何らかの情報があなたへ返ってきます。

恥じらいや奥ゆかしさは、この際、脇に置いて、「こんなことがやってみたいんです」「こういう人とのご縁がほしいと思っているんです」と、勇気を出して口にしてみましょう。

まわりに夢を口にできる人がいないとしたら、まずはそういう人を求めて、外へ出かけましょう！　類は友を呼びますから、必ずあなたにぴったりの人と出会うことができます。あなたと同じように必要な情報を求めている人がいたら、その人と、互いに知っていることを交換し合う仲になりましょう。

交換できる情報がなくても大丈夫。「その夢、すてきね。きっとかなうよ。お互い頑張ろうね」。そう言って、言葉のプレゼントを贈るだけでもいいのです。

そして、運よく教えを請える人に出会ったら、かわいらしくお願いしましょう。

あなたの未来ビジョンを、まわりにいる人と共有してもらうほど、実現化のエネルギーはどんどん高まっていきますよ！

「思い」を言葉で発信するとミラクルな出会いを連れてきます！

とはいえ、将来なりたい自分像がまだよくわからないから、まずは今の自分を知ろう。そんな思いから私が始めたことの一つが、インターネット上にブログ（日記）をつづることでした。

当時から文章を書く仕事をしていたものの、最初からするすると個人的な思いを書けたわけではありません。ブログをきっかけに自分の心の中を掘り下げ始めて、数カ月してやっと、個人的に興味のあることについて、少しずつ書けるようになってきました。

すると、それにコメントを残してくれたり、メールをくれたりする人が現れるようになったのです。しかもみんな気の合う人ばかり。これが〝類は友を呼ぶ〟ということなんだ、**自分が本心から書きたいことを書けば、それに共感してくれ**

る人と出会えるのだ、と強く実感しました。

必要な情報もやってきます。

実は初めての本を出すきっかけも、ブログを通じてやってきました。私が本を書いてみたいとブログに書いたのを読んでいたブログ友達が、「ちょうど本の企画を募集している会社があるよ」と教えてくれたのです。

そして、2冊目の本を出せたのも、ネットを通じて知り合った人からの思いがけないプレゼントでした。彼女に「実は就職の本を書きたくて、それをまとめたので読んでください」と、手づくりの小冊子を渡したところ、彼女

夢は、言葉にすると
現実になる
こんなんで
あんなって
へえ〜♡

のところに出版社からきていた執筆オファーを、「残念だけど、今、別の仕事で取りかかれないから」と、私にゆずってくれたのです。まさにミラクル！

大切な出会いは他にもあります。当時住んでいたマンションに「発芽＊カフェ」という名前をつけて、おうちカフェのイベントを始めたとき、「興味のある人がいたらぜひ来てください」とブログに一言書いただけで、東京のわが家に大阪からお客様が来てくれたのです。

このときの驚きと喜びと楽しさが、人が集まる場をつくる仕事につながり、仕事場兼サロンを持つきっかけにもなりました。

漠然とした思いは、言葉にしにくいもの。けれど、自分の思いを丁寧に見直し、言葉として発信するうちに、やりたいことがどんどん明確になっていきます。

人生をおもしろくする出会いは、あなたのたった〝ひとこと〟から始まるのです。

ほんの少し勇気を出して、あなたの思いを言葉にしてみましょう。

応援し合える人間関係をつくりましょう

あなたのまわりには、夢を応援してくれる人がいますか？　私たちは、心から自分を応援してくれる人がいると、驚くほど力を発揮できます。

また、自分がやりたいことをやろうとしているのに、家族や身近な人のやりたいことを邪魔していたのでは、本末転倒ですよね。

あなたが本来の自分らしく生きようとするなら、身近な人たちが、その人らしく生きることも、同じように応援する気持ちが大切です。

私は以前、会社から独立してまだ収入が不安定だったころ、夫が「自分も今の仕事を辞めたい」と言ったときに、このことを実感しました。

独立して半年足らずで、正直言って会社勤めの彼の定収入をあてにしていたのです（笑）。驚き、動揺しましたが、イヤとは言えませんでした。というのも、私がやりたいことをやることを、夫はいつも心から応援してくれていたからです。結果的には、「そうだね。わかった。これから二人で頑張ろうね！」と言えたこと、互いのやりたいことを応援するという関係を続けてこられたことが、すべてよい方向へ働いたと思います。

家族やまわりの人のやりたいことを応援していると、その応援のエネルギーはあなたへも返ってきます。身近な人と互いに応援し合える関係を築いている人は、そうでない人よりも、格段に夢の実現スピードが速いのです。

たとえ遠くに離れて暮らしていても、応援している気持ちが一番大切です。

実際に私も、直接お会いする人や家族はもちろん、ブログへの書き込みやメールなどを通して、たくさんの人に応援してもらったことで、未知のことへチャレンジする勇気をもらってきたと実感しています。

初めて出会う人でも、既知の人でも、その人のしたいことが実現し、その人がよりその人らしく輝いている姿を想像してあげましょう。それが相手への大きな応援になるのです。

最善の部分で人と接するレッスンを

まわりの人たちと、もっと応援し合える関係になりたい！　そんなときは、自分の中の最善の部分を総動員して、人と接するようにしましょう。

自分自身の「もっともすばらしいところ」「美しくて神聖な部分」を表に出すようにしていくと、あなた自身が変わっていきます。

〝いつもこうありたいという自分〟が、いつのまにか〝通常の自分〟になっていくのです。

最善の笑顔。最善の声色。

最善のまなざし。

最善の話題。最善の言葉――。

私も、このことを心がけ始めてから、驚くほどまわりの人に応援されるようになりました。くすぐったくなるようなほめ言葉をいただくことが増え、ありがたいばかりの扱いを受けるようになりました。

たとえ、おうちではパジャマでゴロゴロしていても、すぐ自分を責めるところがあるとしても、そんな自己評価はこれから出会う人にとって、何の関係もありません。ただ「自分自身がステキ！　と思える人としてふるまう」だけで、そのような人にふさわしいエネルギーが、あなたへ返ってくるのです。


私たちは、誰もが内側に神聖な愛を持っている存在。

ですから、その最善の資質を発揮するだけでいいのです。

「私は、微笑むだけで人を幸せにする女神」

「私の存在は、みんなにとっての贈り物」

「私の言葉は、人を元気にする魔法の言霊」

どうぞ、いつもそんな気持ちでいてください♪

自分のもっとも美しい部分で
接すると
ありがとう
まわりからほめられて
応援される!!

きつい言葉は封印
ポジティブワードに変換して！

まわりの人に応援してもらいやすい言葉の使い方があります。それは、なるべく美しくて、明るくて、優しい言葉を使い、否定的な言葉や悲観的な言葉は、極力口にしないようにすることです。

家族も友人も、仕事で会う人も、泣きごとや不平不満を聞かされるより、聞いて気分のよくなる言葉を耳にしたいと思っていますよね。

私がいい訓練になると思って実践しているのは、「どんな思いも、口に出すときにポジティブに変換すること」。

たとえばニュースの報道や家族の言動に怒りや違和感を覚えたときも、それをストレートにきつい言葉で指摘したり、非難したりせず、ひと呼吸おいてから、極力穏やかで静かな表現になるように、言葉を選んで話すのです。これは今も続けていますが、相手のためというよりも自分のためです。

なぜなら、人が傷つくようなきつい言葉や、人を責める言葉を口にすると、そのあと、何ともいえないイヤな感覚が自分の中に残るから。

思いやりのある言葉を出せたときの喜びや気持ちよさ、それが起こすうれしい連鎖のことを考えると、あとで気まずくなる言葉は口にしたくないものです。

悲観的な予測も、決して言いません。たとえ悲観的な気持ちになったとしても、それを口に出すときには、なるべくポジティブ変換するようにしています。

言霊のエネルギーはあなどれないもの。不安なときも、「大丈夫、大丈夫……」、と言い聞かせていると、大丈夫な事態になってくるのですから。

あなたもぜひ、「大丈夫」「うまくいく」「ありがとう」など、聞いてうれしく、安心できて、口にするほどハッピーになれる言葉を多く使い、ポジティブなエネルギーの発信源になってくださいね！

人と出会う時間とお金は惜しまずに

何となく、自分自身を取り巻く環境に閉塞感を感じているときは、いつのまにか人との出会いが少なくなっていませんか？

気がついたら、職場と家との往復だけで1週間を過ごしていた……、そういえば今日は職場の人以外と口をきかなかったな、なんて。そんな日が続くと、私たちは孤独を感じて、まいってしまいます。

あなたをランクアップさせてくれる開運のきっかけは、新しい、今とは違うエネルギー。つまり、今まで行かなかった場所、出会っていなかった人、知らなかった情報などのエネルギーにふれると、開運のきっかけをつかめるのです。

ですから、仕事が大変なときほど、オフの時間を充実させる計画を立てて、動くようにしましょう！

何事もうまくいかないとき…
つかれたー

思いきって興味のある集まりに参加を！

以前、結婚して東京に出てきたものの、夫婦揃って体調も優れず、仕事は忙しくて週末はヘトヘト……。そんな生活を何とかしたい！　と私たち夫婦が動き始めた年は、まさに人に会いに行くこと、オフを充実させることから始まりました。金銭的にも、それまでは節約一辺倒だったのですが、交際費や交通費を惜しまないことから意識の改革が始まりました。

旅をして、パーティへ行き、セミナーやワークショップへ参加し、人に会い、本を買い、**それまでの自分たちが持っていなかった価値観に出会うことで、より自分たち自身を、自由にすることができたのです。**

今あなたが働いているなら、職場でも家庭でもない、第3の場所に積極的に出かけていくのが吉。余計なしがらみのない人同士だからこそ、できる会話があります。習い事や講座、勉強会、ワークショップなどへ参加して、仲間をつくるのもおすすめです。

オープンマインドが出会いを「宝物」に変えます！

新しい出会いを求めて出かけようといっても、知らないところにいくのは誰だって不安があるものです。でも、これだけは心に留めておいてください。

あなたは、会うべき人に必ず出会えます。

地球上にたくさん人がいるのは、それぞれの人が自分らしい生き方をするのを、有形無形のサポートによって応援し合うため。出会いたい人にスムーズに出会うコツは、直感的にいいと思ったものに積極的に参加することです。セミナー、パーティなど、ピンとくるものにいってみましょう。

もちろん、信頼している人の紹介してくれた集まりに参加するのは、もっとも確かです。けれど、知っている人がいるからと、受け身でいてはもったいない。そうした場では、できるだけオープンマインドで話すように心がけましょう。初めての相手と話すのは、誰だってドキドキするもの。**先に笑顔を見せ、言葉をかけて自己開示するのは、サービスくらいに思っておきましょう。**

でも、本来のあなたが窮屈になるような背伸びや無理はいりません。

なるべくあなたが自分に似合うと思う服、メイク、自分らしいふるまいや話題を心がけると、あなたからは自然体でニュートラルな〝あなたそのもの〟のエネルギーが出ます。すると、自然体で話せる人を引き寄せることができるでしょう。

あるいは、このように見られたい、扱われたいという気持ちにふさわしい、ワンランク上の自分を演出することもOKです。きっとほんの少し未来の自分を先取りしたような情報やアイデア、人との出会いがもたらされます。

これまで内に秘めていたあなたの最善の部分（優しさや思いやり、知識、感性のユニークさなど）を、自然に外側に出すことを意識していれば、ごく自然ななりゆきで、出会う人や人間関係が変わっていきます。

気になる場所へ、どんどん出かけていきましょう！

額を出して 成功の運気を手に!

額を出したヘアスタイルは、社会的成功を呼ぶといわれています。前髪をすっきりと上げ、特に眉間のあたりをクリアーにすると、表情が明るく見えるうえ、先が明るく見通せるようになって、ポジティブ思考になっていきます。自分に気合いを入れたいなら、前髪を上げてみるのがおすすめです。

実は、眉間のすぐ上には、第6チャクラと呼ばれるエネルギーセンターがあります。ここは第3の目（サードアイ）、あるいは心眼ともいわれ、物事の真実が見える目とされます。小説や漫画でも、次元を超えて力を発揮する超能力者は、額に三つ目の目があるように描かれることがありますね。この目は、人を超える能力、いわゆる念を使う人の象徴です。

前髪を上げている人は、この第6チャクラから強いエネルギーが出ていることが多く、第6チャクラが活性化するほど、夢の実現力が高まります。私も意識して前髪を上げてから、仕事が軌道に乗り始めました。

あなたも、ここぞというときは前髪を上げたヘアスタイルで、仕事運を高め、社会的な成功を手にしてください。

Chapter 6

自分のパワーを信じて未来へ歩いて行きましょう!

自分を信じることは、
すべての出発点。
あなたに内在するパワーは無限です。
バラ色の未来を、
自由自在に思い描きましょう!

「最初の一歩」はすべての始まりです

前章まで、あなたを縛ってきた価値観や思い込み、そこからくるブレーキから自由になって、「なりたい自分」「かなえたい夢」のイメージをふくらませてきました。

今のあなたは、どんな気持ちですか？　まぶしくて楽しい未来の予感にワクワクして、いてもたってもいられない気持ちですか？

そうしたら、どんなに小さくてもいいので、夢のための一歩を踏み出しましょう。紙に書いたり、人に話したり、ホームページに載せたり、名刺に表現したり……。

水面に小さな石を一粒放り投げると、その波紋がずっと広がっていくように、あなたが踏み出した一歩によって、すべてが動き出します。

このとき、「でも、先がはっきり見えているわけじゃないし、本当に進んでいいのかわからない」なんて不安に思う必要はまったくなし。

一歩踏み出して進んでみると、直感や人からの情報を通して、次へ進むヒントやサインが見つかって、また先へ一歩進むことができます。そうやって導かれるまま進んで行くと、いずれ必ず到達したい場所へ立っている自分に気がつくでしょう。

大丈夫。進む前から、目的地までの詳細なルート地図を持っている人なんて、一人もいません。手さぐりしながら、「こうかな？ こうかな？ よし、これで行ってみよう！ あとのことは行ってから考えよう！」と進んでいくのが、夢実現のプロセスです。

あなた本来の遊び心と冒険心を発揮して、先のわからないドキドキ感すら、楽しんでしまいましょう！

私は「幸せになる」と覚悟を決めましょう♪

「幸せになる覚悟を決めましょう」なんて言うと、変な言い回しだなあと思われるかもしれませんね。でも、覚悟はとても大切です。

今までアレコレと理由をつけて、本当の思いを無視したり、気持ちにブレーキをかけたりしてきたかもしれませんが、自分の本当の望みに気がついたら、正直に生きるしか方法がなくなります。本当の自分をごまかすのは苦しいからです。

もうこの辺で、ぐっとおへその下のあたり（丹田）に力を込め、〝3年後には好きなことしかしていない自分になる〟と腹を決めてしまいましょう。

たとえば、何一つ具体的でなくても、好きな人に囲まれて、好きな家に住み、好きな仕事で生計を立てている自分でいるぞ、と決めてしまうのです。

そのためにできることは何でもする。その意気が大切です。

自分の本当の夢のために時間をとり、行動するようになると、見違えるようにイキイキとした毎日が始まります。「でも、できないかも……」「やっぱり、やってもムダでは」と、夢を足踏みさせる気持ちや、余計な価値観が浮かんできたら、何度でもこの本を読み返して、心のブレーキを外しましょう。

ブレーキを一つ外すごとに、着実に夢が現実に近づきます。いつも〝なりたい自分〟であり続けることは、ブレーキを外し続けることでもあるのです。

大なり小なり、ブレーキを感じたら、そのつど外すことが習慣になると、そのうち、うれしいことが連鎖的に続くようになります。

そうなると、もう〝夢に向かってノンストップな人生〟になっていきますから、どうぞお楽しみに！

あなたの夢に許可を出してください

心のブレーキが外れると、途端に現実が動き出すことがあります。

たとえば、アートセラピストをしている私の友人は、「山の手線沿線の家に住む」という長年の夢を、ちょっとした心のブレーキを外したことで実現しました。

それまでは東京の郊外に住んでいたのですが、本人いわく、「東京のど真ん中でアーバンなライフスタイルになったら、心が冷たい人になってしまうかもしれない……」という怖れが、引越しを先送りさせていたのだそうです。

他にも、「23区内に持ち家がほしいけれど、絶対に無理！　高すぎる！」とも思い込んでいました。でも、勇気を出して実際に不動産屋をめぐり始めると、実際には手の届く土地付き物件があることを発見！　心配していたお金の問題も難なくクリアーできて、憧れの街に一軒家を購入し、おうちで念願のサロンを開いています。自分を縛っていた心のブレーキが外れてから入居まで、見事に半年以内の出来事でした。

また、心のブレーキを外すためのワークショップに参加してくれたHさんのケースも印象的でした。彼女はカラーコーディネートを勉強していて、ブライダルの仕事をしたかったものの、小さな子どもも4人いるし、家は市内から遠いし……と、求人に応募することすらためらっていたのです。

でも、ワークショップで心のブレーキを改めて眺め、夢の先に「カップルの最高の幸せのシーンを、美しく祝福し、人生を応援してあげたい！」という深い愛があることに気づいたそうです。

そして翌日、思いきって結婚式場の求人に応募。情熱と誠意が伝わって、勤務時間に融通の利く理解ある職場に採用され、念願の仕事をゲット。さらに週末は地元でイベントやセミナー講師も始めました。

彼女が家族と住む風光明媚な土地に、安らぎと癒しを求めるたくさんの人が車で駆けつけてくるのだとか。**「できない」と決めるのも自分なら、「できてもいい」と許可を出すのも自分なのですね。**

やってくる直感は幸福行きの切符です

いらない価値観や思い込みを手放し、やりたいことに正直になると、宇宙の叡《えい》智《ち》とつながり、直感（インスピレーション）が冴えわたるようになります。

直感とは、ふとしたときに浮かぶ、何だかうれしいひらめき。

この直感に気づき、それを受け取り、直感に従って行動すると、人生の目的に向かってスムーズに導かれていきます。

直感を頭で理解しようとすると、「直感なのか、自分の考えなのか、よくわかりません…！」となる場合もあるでしょう。何しろ直感には根拠がないので、あなたを納得させるような説明はありません。本当にそれを行ったらどうなるのかといった不安が頭をもたげることもあるでしょう。

でも、浮かぶことに偶然はないのです。直感が浮かんだら、忘れないうちにメ

モしておきましょう。そのうち何度もあなたに送られてくるメッセージに気がつくはずです。

あなたが従わなくても、あるいは従うまで、何度も何度も同じメッセージが降り注がれます。

直感は、あなたという小舟が人生の海で迷わないように、「こっちだよ!」と点灯してサインを送っている灯台のようなものなのです。

才能を全開にして〝なりたい自分〟を生きている人は、自分の直感を信じています。そして、自分の直感を信じられるのは、自分を信じているから。

実は、自分を信じることが、すべて

の始まりであり、すべての目的地なのです。

どれだけ深く自分や人や、宇宙を信頼できるか。それが、生き易さのカギでもあります。

直感に従って動いてみて、いい出会いがあったら、「よし、いいぞ！　私の直感！」と自分をほめましょう。それを繰り返すうちに、自分や世の中を信頼でき、直感があなたを応援するメッセージであることを確信し始めるでしょう。

けれども、頭や心がとても疲れていると、直感は感じ取りにくいもの。まずは、自分自身に安らいだ時間と、ごほうびを与えてあげてください。

愛に基づいて行動しようとするときは、必ず直感のサポートが入ります！

たまに「ファンファン」が出て来ても軽くいなす!

やりたいことに取り組もうとすると、ピンチ！　と思うことも出てきます。でも、それは、あなたの心の中にある不安や心配が、現実となって現れているだけ。新しいことをやるとき、多少の不安があるのは当たり前ですよね。「(パンダの)ファンファンがまた出てきたんだね」くらいに、なるべく軽くとらえましょう。

ケガをしたときに「痛い、痛い！」と言っているとますます痛くなるように、**「意識をフォーカスしたものは拡張する」という宇宙エネルギーの法則があります。ですから、不安から逃れたいときほど、不安にフォーカスしすぎないことです。**

不安にフォーカスしないといっても、不安からただ目をそらそうとすると、ますます気になり続けますよね。ですから、一度、何が自分を不安にさせるのかを紙に書き出してみましょう。考えや感情は、紙の上に言葉として書くことで明確になります。

自分を不安にさせるものが言葉となって出てきたら、そうかそうかと、眺めましょう。紙を見るのもイヤな気持ちがするかもしれませんが、それこそが不安を浄化するプロセス。眺めていたら、じきに眺めるのに飽きます。そうしたら紙をビリビリ破って捨てましょう。

泣き疲れるくらい泣いたら、自然にお腹がすいたことを思い出すように、やがて客観的で冷静な自分が顔を出してきます。すると、自然に他のことへと意識が向かっていくでしょう。そのとき、ふと「何か甘いものでも食べちゃおうかな」と思ったら、即、甘いものをゲットするのが吉です。

不安を取り除いたら、不安になることをわざわざ思い出したり、考えたりしないこと。ぜひこれを習慣に!

だんだんと、不安とも上手に付き合うことができるようになります。

フアンフアン
こわいよー

なーんだ
こわくない
不安な
気持ちに
フォーカス
しないこと！

無駄になる経験は一つもありません

直感でひらめいた「やりたいこと」が、「今までやってきたこと」と結びつきにくいように感じることがあっても、大丈夫です！

人生でやってきたことや取り組んできたことは、一つも無駄にならないようにできています。

たとえば大根を使って料理をするとき、葉も皮もおいしくて捨てるところがないように、あなたの人生にも、無駄な経験はありません。

あのとき夢中でイラストを描いていたことも、あのとき気難しいお客さまの電話に何度も対応したことも、お母さんを愛して受け入れようと努力していることも――すべて今後のあなたに、さまざまな形で活かされてきます。

だから、安心して、これまでの歩みを肯定しましょう。
「あのときがあるから、今がある」と思えますよね。

そして、これから先、あなたが選択することも、何一つ無駄になることはありません。これまで感じたことややってきたことすべてが、自分らしい仕事や、自分らしいあり方になって、あなたを自由にしてくれる経験となります。

だからこれからも、興味のあることには手を出して、やってみて、学びを繰り返していきましょう!

その中で、また新しくやりたいことが出てきます。

そうして、一生、やりたいことにワクワクし続ける人生を送りたいものですね!

3年後の「預言書」をつくりましょう

では、最後に、あなたの未来のための預言書を作成しましょう！

書いて、口にし、行動を繰り返していけば、必ず思い通りの未来が実現します。

今までは浮かびにくかった未来のイメージも、ここまで読み進み、自分の勝手な思い込みに気づいて、ブレーキを外そうと覚悟を決めた今なら、大丈夫！

真っ白なカンバスに自由に絵を描くような気持ちで、あなたの人生のポジティブな預言を書きましょう。

ぜひ、こうなったらいいな、ああなったらいいな、とワクワクしながら書いてください。

家族やお友達と一緒に作成するのも楽しいはずです。

今から3年後、あなたはどんな生活を送っていたいですか？

この預言書に書かれたことの実現力が高まるように、私も祈りを捧げますので、ぜひ一緒に夢をかなえていきましょう！

〈私「　　　　」の3年後の預言書〉

3年後の（　　　）年、私は（　　　　）と（　　　　）な生活をしています。

住んでいるのは、（　　　　）で、（　　　　）な気持ちになる場所です。

心はいつも（　　　）とか、（　　　　）というような気持ちで占められています。

カラダは（　　　　）な状態で、人からは（　　　　）とよく言われます。

私は、週のうちの（　　）日くらい、（　　　）で、（　　　　）をして過ごします。

私のまわりには、（　　　　）や（　　　　）という人がいて、私は彼らの（　　　　）に対して（　　　　）と感じています。

私は、（　　　　　　　　　　　）という活動を通して、（　　　　　　　　　　　）という
自分の力や能力を発揮し、それに見合う（　　　　　　　　　　　　　　　　　）と
いう豊かさを得ています。
それは、（　　　　　　　　　　　）に、（　　　　　　　　　　　　　　　　　）と
喜ばれています。
私は、今、（　　　　　　　　　　　　　　）という願いをかなえること
ができ、とても幸せです。
満たされた私の次なる夢は、（　　　　　　　　　　　　　　　　）ということです。
それを想像するだけで、（　　　　　　　　）な気分になり、（　　　　　　　　　　）と
思います。
生かされていることに感謝します。ありがとうございます。（　　年　　月　　日作成）

ちなみに、私の預言書はこちらです。

〈私「矢尾こと葉」の3年後の預言書〉


3年後の20××年、私は（**夫や大切な人たち**）と（**毎日笑ったり、遊んだり、話したりして、あっというまに日が暮れるよう**）な生活をしています。

住んでいるのは、（**海や山が見える見晴らしのよい快適な家やホテル**）で、（**開放的でクリエイティブ**）な気持ちになる場所です。

心はいつも（**ありがたいなあ**）とか、（**今日はどんな楽しいことをして過ごそうか**）というような気持ちで占められています。

カラダは（**すこぶる健康でやる気に満ちている**）な状態で、
人からは（**いつも元気で光り輝いていますね**）とよく言われます。

私は、週のうちの（**3**）日くらい、（**すがすがしい場所**）で、（**本の執筆や新しい企画の話し合い**）をして過ごします。

私のまわりには、（**大好きな家族や友人**）や（**活動を一緒に手伝いたい**）という人がいて、私は彼らの（**人柄のすばらしさや才能**）に対して（**敬意を払い、一緒にいられてうれしい**）と感じています。

私は、（**本を書いたり、イベントをしたり、旅をする**）という活動を通して、（**愛と創造力**）という自分の力や能力を発揮し、
それに見合う（**精神的&経済的な豊かさ**）という豊かさを得ています。

それは、（**夢をかなえて幸せになろうとする多くの人たち**）に、（**支持され、共感を呼び、ぜひ子どもに聞かせたい**）と喜ばれています。

私は、今、（**本や企画の映像化を通して生きる尊さを伝える**）という願いをかなえることができ、とても幸せです。

満たされた私の次なる夢は、（**世界中の小学校にエネルギーワークを導入する**）ということです。

それを想像するだけで、（**ハイ**）な気分になり、（**おもしろそう！　世界平和につながる！**）と思います。

生かされていることに感謝します。ありがとうございます。（20××年3月26日作成）

なりたい自分になるために

なりたい自分になるために、
私は、望みに、自分を合わせていく。

なりたい自分になるために、
私は、自分を制限する思い込みから自由になる。

なりたい自分になるために、
私は、家族や友人を認め、ただ愛する。

なりたい自分になるために、
私は、なりたい自分を自分に許す。

なりたい自分になるために、
私は、宇宙とのつながりを信じ、感謝する。

なりたい自分になるために、
私は、望みに近づく努力をする。

なりたい自分になるために、
私は、今の自分を愛し、何よりも大切にする。

いつもありがとう。

すべてに愛と感謝を込めて。

あとがき

この本を手に取ってくださったあなた。本当にありがとうございます。

尊い出会いの奇跡に、心から感謝しています。

あなたとのご縁のために、この本はできました。何か少しでも、お役にたてることがあれば幸いです。

著者である私も、担当の編集者さんも、関係者全員が、愛と才能を全開にして世の中に貢献したいと願うあなたの幸せを、心から祈っています。

すてきなご縁を、ありがとうございます。


私は、普段、執筆の他に、夫と一緒にレイキという心身のヒーリング手法をお伝えする活動をしています。その中で、まわりの人への優しさや配慮のあまり、いつのまにか自分らしさを封印し、それによって苦しくなってしまったという人に、たくさんお会いしてきました。

「自分がどうしたいのか、もうよくわからなくなってしまって……」

そうおっしゃる方は、大勢います。

でも、頭を重くしていた思い込みや、胸を苦しくしていた感情などを、少しずつ言葉にして外に出していくと、必ず本当の望みに気づくことができます。そうすると、すべきことがインスピレーションとして浮かび、導かれるように〝なりたい自分〞へ到達することができるのです。

あなたの中には、必ず答えがあります。

本当のあなたは、この世を照らす、まぶしい愛の光なのです。

今は、優しく明るく愛に満ちた人ほど、自分の心を痛めがちな時代。ですから、家庭や職場の太陽であるあなたが、本当の自分らしさを思い出し、光を取り戻すお手伝いができたら、こんなにうれしいことはありません。

あなたの愛の光が、世界中を明るく照らしますように。

心からの愛と感謝をこめて。

平成21年3月　桜の季節に

矢尾こと葉

矢尾こと葉（やお　ことは）
レイキ（気功）カウンセラー。エッセイスト。夫とともに「発芽＊レイキアカデミー」を主宰。夢の実現や心とカラダの浄化をテーマに執筆活動を行う傍ら、セルフヒーリング＆クリアリングの手法であるレイキのセミナーを始め、色やチャクラのワークショップ、カウンセリングなどを行う。趣味はオーガニックカフェめぐりとパワースポットの旅。著書に『自分を浄化する方法』『自分を浄化するCD BOOK』（かんき出版）、『1日3分　心を休める方法』（中経出版）、『願いが100％かなう浄化・開運法』（三笠書房）、『レイキで心と体を浄化する本』（永岡書店）などがある。

公式サイト　http://www.koto-ha.net/

迷《まよ》いを捨《す》てて　願《ねが》いをかなえる
心《こころ》の浄化法《じょうかほう》

2009年5月1日　初版発行
2009年6月1日　第2刷発行

著　者　矢尾こと葉
発行者　杉本淳一

発行所　株式会社日本実業出版社　東京都文京区本郷3－2－12　〒113-0033
大阪市北区西天満6－8－1　〒530-0047
編集部　☎03-3814-5651
営業部　☎03-3814-5161　振　替　00170-1-25349
http://www.njg.co.jp/

印刷・製本／壮光舎

この本の内容についてのお問合せは、書面かFAX（03－3818－2723）にてお願い致します。
落丁・乱丁本は、送料小社負担にて、お取り替え致します。

ISBN 978-4-534-04549-2　Printed in JAPAN